AF603297

DE L'ENSEIGNEMENT
DU DROIT CRIMINEL
A PISE

ET DES TRAVAUX DE M. LE PROFESSEUR CARRARA

PAR

M. VICTOR MOLINIER

PROFESSEUR DE DROIT CRIMINEL A LA FACULTÉ DE DROIT DE TOULOUSE ;
MEMBRE DE L'ACADÉMIE DES SCIENCES, INSCRIPTIONS ET BELLES-LETTRES,
DE L'ACADÉMIE DE LÉGISLATION ET DE LA SOCIÉTÉ D'AGRICULTURE DE LA MÊME VILLE ;
ASSOCIÉ CORRESPONDANT DES ACADÉMIES DES SCIENCES DE LISBONNE
ET DES SCIENCES MORALES ET POLITIQUES DE MADRID ;
CHEVALIER DE LA LÉGION D'HONNEUR, DES ORDRES DE LA COURONNE D'ITALIE
ET DE SAINT-JACQUES DE PORTUGAL, OFFICIER DE L'INSTRUCTION PUBLIQUE.

L'*impero* della legge naturale consiste nella forza superiore a produrre certi beni e certi mali annessi a certi atti umani, in modo che la potenza, *volendo* ottenersi i primi e schiavare i secondi, sia costretta ad ubbidire a quest' impero della natura.

ROMAGNOSI,
Scienza del Diritto naturale.

TOULOUSE
F. GIMET, LIBRAIRE DE L'ACADÉMIE DE LÉGISLALION
RUE DES BALANCES, 66.

1874.

DE L'ENSEIGNEMENT

DU DROIT CRIMINEL A PISE

ET DES TRAVAUX DE M. LE PROFESSEUR CARRARA

L'Italie est, de tous les pays de l'Europe, celui où l'importance de la science du droit criminel a été le plus vivement sentie et où l'enseignement de cette science a été le plus anciennement, et le plus largement fait dans les écoles.

Dès le XIVe siècle apparaissent, en Italie, les traités spéciaux sur le droit criminel de ROLANDINO DE ROMANCIIS et d'ALBERT DE GANDINO (1).

Au XVe siècle, *Angelo Gambiglioni*, né à Arrezzo, mort à Ferrare vers 1460, professa à Bologne où il publia un traité *de Maleficiis* qui, pendant longtemps, fut en possession d'une grande autorité en Italie.

Voilà comment la science du droit criminel commença à s'y produire dans des écrits spéciaux, en se détachant des autres parties qui faisaient l'objet des études générales.

(1) *De ordine maleficiorum* dont tous les manuscrits sont malheureusement aujourd'hui perdus.

SAVIGNY, *Histoire du Droit romain au moyen âge*, t. IV, p. 183, de la traduction française de M Ch. Guenoux. Paris, 1839, 4 vol. in-8°.

Ce droit devait bientôt se spécialiser dans l'enseignement. Un décret de Cosme Ier de Médicis créa dans l'Université de Pise, en 1544, une chaire particulièrement établie pour l'enseignement du droit pénal. Le premier professeur qui l'occupa fut un Pisan nommé Imbert ou Robert Vanni, qui la posséda jusqu'à l'année 1581.

Cet enseignement du droit criminel consista d'abord dans une simple explication exégétique des textes que contiennent les titres des Pandectes de Justinien qui sont consacrées au droit criminel et qui se trouvent dans les livres de ce Recueil que les anciens juristes qualifiaient de *Libri terribiles*. Plus tard, cet enseignement se produisit sous une forme plus dogmatique et revêtit un caractère philosophique.

Un programme de l'année académique 1760-1761 fait savoir que le professeur ordinaire de droit criminel, *ordinarius Professor Criminalium*, don César *Alberic Borghi*, expliquera, à la 3e heure avant midi, la loi *Julia majestatis*. Il est ajouté : *Domi vero dictabit et explicabit Institutiones juris criminalis*. Voilà donc un professeur qui fait de l'exégèse dans sa chaire, qui y explique les textes du droit romain relatifs au crime de lèse-majesté, et qui fait, en même temps, dans sa maison, un cours privé ayant pour objet un enseignement complet et méthodique du droit criminel.

Ce double enseignement atteste que l'étude de ce droit n'était pas négligée. Aussi voit-on qu'il avait été doté d'une seconde chaire pour l'année 1763-1764. L'une continuait d'y être occupée par D. César Albéric Borghi sous le titre, *Rerum Criminalium*. Ce professeur devait cette année là expliquer les deux titres du Digeste *ad legem Juliam majestatis* et *ad legem Corneliam de sicariis*. L'autre chaire, confiée au professeur *Philippe della Pura* de Castelfiorentino, avait été instituée pour un cours d'institution du droit criminel *Institutionum Criminalium*. Voilà un enseignement complet qui embrasse l'explication des textes et l'ensemble de la science (1).

L'étude du droit criminel prospérait, comme on le voit, dans la Toscane, à Pise, et ce droit avait aussi obtenu des chaires à Rome et dans les autres cités de l'Italie, lorsque survint un événement qui agita les esprits et qui donna aux idées une direction nouvelle.

En 1764, un petit livre ayant pour titre *Des délits et des peines*, *dei Delitti et delle pene*, attira promptement l'attention du public. Ce livre, sans date, ne portait pas de nom d'auteur et aurait été imprimé à Monaco. Ce n'était pas une œuvre savante, mais il avait un mérite qui assure toujours le succès d'un écrit, c'est celui d'exprimer les idées qui sont dans les esprits. A une époque de progrès intellectuel et lorsque les rudes mœurs du moyen-âge s'étaient adoucies au sein d'une civilisation avancée, la justice criminelle avait conservé ses allures farouches, et le spectacle affreux des supplices qu'elle infligeait ne produisait plus que des impressions douloureuses.

Un écrit dans lequel était exprimé le cri de l'humanité outragée, et qui appliquait au droit criminel les principes d'une philosophie en rapport avec les idées régnantes, ne pouvait qu'être bien accueilli. Son auteur était un noble milanais, le jeune marquis de Beccaria, homme doué, sans doute, de peu de science juridique, mais qui possédait une âme sympathique, un cœur droit et un talent d'écrivain qui lui permit d'exprimer des idées nouvelles, sous une forme concise, à la fois saisissante et émouvante (2).

(1) Voir M. Carrara, *Opuscoli di diritto criminale*, vol. I, p. 1. *Giuseppe Puccioni ed il giure penale*. 3 vol. in 8°, Lucca, 1870.

(2) César Bonesana marquis de Beccaria était né à Milan le 15 mars 1738 et y mourut le 28 novembre 1794. Il n'avait, par conséquent, que 25 ans lorsqu'il composait, en mars 1763, son livre *des Délits et des Peines* qui sortit d'abord de l'imprimerie Cotellini de Livourne, en un volume in 4° sans date

L'édifice de l'ancien droit criminel était sapé dans ses bases et allait s'écrouler pour faire place à un droit nouveau qui s'exprima bientôt, en Toscane, dans des lois qui parurent sous le règne du grand-duc Léopold de la maison de Lorraine, qui gouverna pendant vingt-cinq ans ce pays avec sagesse et qui y introduisit des institutions libérales.

L'impulsion était donnée, des écrivains doués d'un cœur généreux et d'une haute intelligence, consacrèrent dans toute l'Europe, en Italie, en France, en Allemagne, en Suède, en Angleterre, leur talent à l'étude des principes sur lesquels devaient être édifiées des lois criminelles propres à concilier ce que l'on doit à l'humanité avec les garanties que l'ordre social doit obtenir. Les souverains entrèrent dans cette voie, et, depuis, le droit criminel de l'Europe n'a pas

et sans nom d'auteur. Cette édition fut bientôt suivie, en 1764, de celle in-8° qui est indiquée comme ayant été imprimée à Monaco et qui offrit une version plus méthodique et plus complète.

On trouve des détails historiques sur Beccaria et des appréciations de son œuvre, qui ont un grand intérêt, dans l'*histoire des Italiens* de César Cantu au Tome X, p. 208 de la traduction française de M. Armand Lacombe. Paris, 1859-1862, 12 vol. in-8°.

Le même écrivain a reproduit, avec plus de détail, ce qu'il avait dit dans cette histoire, dans un ouvrage qui a pour titre : *Beccaria e il diritto penale, saggio di* Cesare Cantu, gr. in-18, Florence, 1862, 466 p.

M. Faustin Hélie, membre de l'Institut et Conseiller à la Cour de Cassation, a publié une traduction française du *traité des délits et des peines*, qu'il a accompagnée de savantes observations placées à la suite de chacun des paragraphes du texte, en tête duquel est aussi une intéressante introduction. Paris, 1856, vol. gr. in-18, Guillaumin et Ce, éditeurs.

On remarque à Milan, sur la façade d'une maison de la rue Brera qui a le numéro 5, un marbre portant l'inscription suivante : *In questa casa Cesare Beccaria nacque l'anno* MDCCXXXVIII e mori il XXVIII novembre MDCCXCIV.

Une statue monumentale de César Beccaria se voit maintenant sur la place du Palais de Justice de Milan, où elle a été solennellement inaugurée le 19 mars 1871. Les détails qui concernent ce monument, érigé au moyen d'une souscription nationale, et son inauguration, se trouvent dans un écrit de MM. les professeurs Amati et Buccellati publié en 1872 à Milan, à Naples, à Rome et à Palerme en un vol. gr. in-8° sous ce titre : *Cesare Beccaria e l'abolizione della pena di morte.*

cessé d'être à l'état d'élaboration pour arriver à son perfectionnement par l'étude constante des hautes questions sociales qu'il soulève.

L'Université de Pise a eu la bonne fortune de posséder, de nos jours, pour l'enseignement du droit criminel, des professeurs éminents.

Carmignani y a enseigné, pendant plus de vingt-cinq ans, ce droit avec un succès qui lui a valu une réputation européenne. C'était un homme qui joignait à une profonde science juridique de vastes connaissances littéraires et une élocution à la fois claire, ornée, élégante. Les étrangers qui visitaient Pise aimaient, m'a-t-on dit, à aller l'entendre. Il occupait aussi un des rangs les plus distingués dans le barreau Italien.

Il quitta après un long professorat sa chaire de droit criminel, en 1840, pour occuper celle de philosophie du droit. Il eut alors pour successeur Francesco Mori, le rédacteur du remarquable Code de la Toscane, qui fut promulgué sous le grand-duc Léopold II, le 20 juin 1853 (1).

Aujourd'hui, l'enseignement du droit criminel est fait à Pise par notre honorable collègue Francesco Carrara, sur les doctes travaux duquel je vais avoir l'honneur de vous entretenir. Ces travaux sont nombreux et s'offrent dans deux ouvrages. Le premier, qui se compose de sept forts volumes, a paru sous le titre de *Programme du Cours de droit criminel fait à l'Université de Pise*; le second offre trois volumes et est intitulé : *Opuscules de droit criminel* (2).

Le programme, ou plus exactement le cours du droit

(1) Voir sur le professeur Mori, CARRARA, *Opuscoli*, t. I, p. 50.

(2) Pendant que ces lignes s'imprimaient, M. Carrara publiait un nouvel ouvrage dans lequel plusieurs sujets de Droit criminel sont envisagés au point de vue pratique de la rédaction des lois. Ce volume vient de paraître sous ce titre : *Lineamenti di practica legislativa penale esposti mediante svariate esemplificazioni*. Roma. Torino, Firenze, Fratelli Bocca, in-8°, 1874, 442 pag.

criminel, contient deux parties : l'une est *la partie générale*, contenant les règles générales du droit pénal, l'autre est intitulée *partie spéciale*, et embrasse les règles particulières qui concernent chaque espèce de délit.

Avant de rendre compte à l'Académie de chacune de ces parties, je crois devoir la renseigner sur la méthode qu'a employée M. Carrara et sur l'esprit qui a inspiré son vaste travail scientifique.

M. Carrara fait un enseignement éminemment philosophique. Doué d'une haute intelligence qui saisit avec facilité et qui s'assimile les principes fondamentaux de la science, il s'élève à une haute synthèse et il déduit à l'aide d'une analyse habile les conséquences des bases sur lesquelles il édifie son droit criminel.

En enseignant ce droit dans un pays où il n'est pas encore définitivement codifié et où des projets de loi sont encore à l'étude, il n'a à employer les textes que pour y montrer l'expression des principes ; le droit rationnel fait l'objet principal de ses leçons.

Ce docte professeur possède la littérature juridique et enrichit ses ouvrages de notes nombreuses qui établissent et qui montrent sur chaque sujet l'état de la doctrine. Ces notes sont accompagnées souvent d'aperçus critiques et de détails de législation comparée. Les Codes de différents pays et les sources du droit, tant nationales qu'étrangères, lui sont familières. Son travail réunit le double mérite d'une œuvre philosophique et d'une œuvre d'érudition. Ses doctrines et ses opinions sont toujours l'expression de ses convictions sincères et profondes qu'il exprime dans des termes qui manifestent une haute indépendance et un vif amour de la vérité.

Après ces observations générales, examinons rapidement chacune des deux grandes parties qu'offre le programme de M. Carrara.

Le volume consacré à la partie du droit pénal qui comprend les règles générales, offre, en tête de l'ouvrage, des prolégomènes consacrés à des aperçus sur la formation des sociétés humaines et sur les sources du droit de punir. M. Carrara appartient, en philosophie, à l'école spiritualiste, et ses croyances religieuses, qui apparaissaient assez souvent dans ses travaux, sont celles d'un chrétien dont la foi est éclairée par la raison.

Il commence par écarter les doctrines d'Hobbes et de la plupart des publicistes du XVIIIe siècle, qui semblaient admettre un état de nature antérieur à l'état social, état de nature dont l'homme serait sorti en abandonnant une partie de sa liberté naturelle pour trouver la sécurité en constituant, au moyen d'une convention primitive, l'état de société et en se soumettant à des lois positives.

Pour M. Carrara, la vie sociale est l'état naturel de l'homme ; c'est celui en vue duquel il a été créé et au sein duquel pourra se produire le développement de ses forces et de ses facultés morales et intellectuelles. C'est aux nécessités de la vie sociale que M. Carrara rattache le droit de punir ; je vais le laisser parler lui-même sur ce point fondamental de doctrine d'où toutes les théories du droit pénal doivent ensuite émaner.

« Dieu a placé au sein de toute la création une constante harmonie. Lorsqu'il eut à la sixième époque créatrice fait l'homme à son image (ce qui veut dire qu'il le doua d'une âme et d'un esprit, riche d'intelligence et libre quant à la volonté), il arriva que cette œuvre de la sagesse divine jeta, sur la terre, la semence d'une série d'êtres qui, trouvant en eux-mêmes leur direction, furent responsables de leurs actions. Ces êtres ne pouvaient, comme les êtres essentiellement et seulement corporels, être soumis à l'action unique des *lois physiques*; une loi *morale* prit naissance avec eux : loi de la nature dont on ne peut nier l'existence sans nier en même temps celle de Dieu.

» Par là, au monde physique dont l'homme faisait partie, s'ajouta, dès qu'il eut paru au sein de la création, un monde moral qui lui fut propre et qui comprit ses rapports moraux avec lui-même, avec son créateur et avec les autres créatures, faites à sa ressemblance.

» Les lois physiques trouvaient en elles-mêmes une *force coercitive* et une sanction qui en rendait l'action indéfectible. Ces lois étaient par elles-mêmes suffisantes pour assurer l'harmonie au sein du monde physique.

» Les lois *morales*, au contraire, ne trouvaient en elles-mêmes aucune force coercitive, et n'avaient sur la terre d'autre sanction que les remords de la conscience.

» Mais les facultés affectives nécessaires à l'homme comme élément d'action, produisirent fréquemment en lui la perversion du sens moral et étouffèrent la voix du remords.

» La loi naturelle aurait donc été impuissante pour maintenir l'ordre du monde moral, puisqu'elle n'aurait pas eu en elle-même cette force que possède la loi éternelle qui régit le monde physique. Ainsi, lorsque tout obéit à cette dernière, l'autre se voit trop souvent méconnue et délaissée.

» Cet abandon de l'observation de la loi morale au libre arbitre de l'homme sous la seule sanction d'un bien ou d'un mal qui n'affectait pas les sens, ne pouvait occasionner qu'un certain trouble de l'harmonie universelle tant que la loi morale ne se rattachait qu'aux rapports de l'homme avec Dieu et avec lui-même; mais cet abandon devenait intolérable dans ce qui concernait les rapports de l'homme avec ses semblables. Ainsi, malgré la loi morale, les hommes auraient été livrés à l'action du pouvoir de celui qui, parmi eux, préférant le bien-être des sens au bien-être moral, aurait su, par l'emploi de la force ou de la ruse, éluder l'empire du droit. Sous ce rapport, le désordre produit dans le monde moral aurait aussi causé une perturbation dans le monde physique (1).

» Il fallait donc, pour compléter l'action de la loi génératrice de l'ordre dans cette vie terrestre, un fait ultérieur par lequel la loi morale recevrait de la force au moyen d'une coaction extérieure et d'une sanction sensible. Par là le précepte moral qui imposait à l'homme le devoir de respecter les droits de ses semblables ne serait plus une parole vaine et le monde moral cesserait d'être en proie à un continuel désordre, propre à offrir un contraste fâcheux avec l'ordre auquel est soumis le monde physique.

» Cette force coactive et répressive, dont la loi morale n'était pas douée par elle-même, ne pouvait se trouver ailleurs que dans le bras de l'homme. Dieu eût pu, sans doute, créer l'homme impeccable en lui ôtant le pouvoir de transgresser ses Lois de la même manière qu'un corps n'a aucune puissance qui lui permette de résister à la force de gravité. Il n'eût existé alors ni *Devoirs*, ni *Droits*. Tout se fût accompli fatalement sous l'empire d'une invincible *nécessité*. Cela eût exclu le *libre arbitre* et eût rendu l'homme incapable de tout mérite et démérite. En admettant donc le libre arbitre, il fallait nécessairement l'une de ces deux choses, ou placer sur la terre des légions permanentes d'esprits supérieurs qui eussent été les gardiens et les vengeurs de la loi morale, ou admettre cet inévitable dilemme : — subir l'inobservation des préceptes de la loi morale, ou en confier la garde au bras de l'homme.

» C'est ainsi que la loi éternelle de l'ordre fit que l'homme eut pour destinée d'être à la fois le sujet et le gardien des préceptes de la morale.

(1) L'auteur a, sans doute, dans la pensée, le trouble qu'une déviation de la loi morale peut causer au sein du genre humain, envisagé dans son existence physique.

» Une pareille mission ne pouvait concerner l'homme placé dans l'isolement, ni même les hommes unis par une association purement fraternelle établie sur le principe d'une égalité absolue. Avec la diversité des volontés et la parité du pouvoir, toute défense, toute sanction et tout jugement des faits humains eussent été impossibles. Cependant, la défense, la sanction et le jugement pouvaient seuls fournir le complément nécessaire de la loi morale en tant qu'elle régit les devoirs de l'homme envers l'humanité, et ce complément ne pouvait être donné que par la société *civile*.

» L'état d'association du genre humain est donc une nécessité qui émane de sa nature, qui est indispensable pour sa conservation et pour sa perfectibilité indéfinie selon l'ordre de ses destinées (1). Mais si les besoins *physiques*, qui exigent un aide réciproque, et les besoins *intellectuels* qui demandent une instruction mutuelle au sein de l'humanité, peuvent se contenter d'une simple association fraternelle, ils ne sauraient à eux seuls produire la *société civile*, et celui-là est dans l'erreur qui confond le principe générateur de cette dernière avec celui d'une association naturelle. Rousseau et ceux de son école se firent une grave illusion lorsqu'ils supposèrent que, dans une première période de l'humanité, exista l'état d'une vie sauvage; mais il y eut une semblable illusion chez ceux, qui, pour le réfuter, voulurent prétendre que la *société civile* était créée avec l'homme. Lors même que la vérité révélée ne réfuterait pas cette dernière affirmation, la raison montrerait à elle seule l'impossibilité d'admettre des gouvernants et des magistrats dès le berceau de l'huma-

(1) « Come il terreno ed un dato terreno è necessario alla nascita, vegetazione, progressi e fruttificazione di un albero, così la società ed una data società è necessaria allo sviloppamento intellettuale, morale e fisico dell'uomo in mira alla di lui conservazione, incolumità e ben'essere. » ROMAGNOSI, *Assunto Primo del Diritto naturale*, § VIII, p. 39. Milano, 1820, in-8°, 213 p.

nité et lorsqu'elle ne consistait que dans un petit nombre de familles. Sans doute l'état d'association fut contemporain de l'apparition du genre humain, mais l'état de société civile fut un premier progrès de l'humanité lorsqu'elle eut pris de l'accroissement. Elle y fut conduite par la force d'une loi de l'ordre primitif, par la puissance de nouveaux besoins autres que ceux qui s'étaient produits et qui avaient exercé leur action dans les simples associations primitives.

» Il existait un autre besoin qui n'avait pas moins d'importance pour les destinées de l'humanité, c'était celui de l'observation et du respect des droits que la loi de nature avait conférés à l'homme avant toute loi politique afin qu'il eût les moyens d'accomplir ses propres devoirs et d'atteindre à l'accomplissement de sa destinée ici-bas. Ces droits eussent été inévitablement méconnus et détruits sans remède par l'action des passions égoïstes, dans l'état d'isolement et même dans un simple état naturel des sociétés. C'est là que se trouve la seule raison d'être de l'état de société civile. Cette raison d'être est éternelle et absolue, parce que la loi qui exige l'observation effective du droit humain est, également, éternelle et absolue. Dès que la *société civile* était la seule forme qui pût assurer l'observation de l'ordre juridique voulu par la loi naturelle, cette loi elle-même avait par là imposé à l'humanité une forme d'association qui, seule, était propre à la conduire à ses fins. La raison d'être de la société civile est donc primitive et absolue, mais elle réside seulement dans la *tutelle juridique.*

» Dès que l'état de société civile était ainsi nécessaire à la race humaine pour atteindre à l'observation du précepte moral, cet état de société qui devait exprimer la forme spéciale de l'ordre assigné à l'homme par la pensée divine dès le premier instant de la création, ne pouvait être qu'une société dont la direction s'unifierait dans un centre commun *d'autorité*. Cette autorité ne pouvait qu'être munie du pouvoir de *prohiber* certaines actions et de *réprimer* ceux qui, malgré la défense, viendraient à les commettre. Ainsi la société civile, l'autorité qui la préside, le droit de réprimer qui lui appartient, n'offrent qu'une chaîne formée des instruments de la loi de l'ordre social. Il s'en suit que le droit pénal a sa source et sa raison d'être dans la loi éternelle de l'harmonie universelle.

» Le précepte, la défense, la rétribution du bien et du mal, ont pour fondement unique et pour seule mesure, la justice. Absolue au sein de l'absolu, infaillible dans l'infaillibilité, cette justice atteint l'homme dans ses rapports avec Dieu, avec lui-même, avec les autres créatures. Elle agit toujours comme principe *unique*. Dieu ne punit pas le larron, l'homicide pour protéger l'homme, mais parce que le meurtre, parce que le vol est un mal, parce que la justice veut que celui qui fait le mal ait à souffrir un mal.

» Mais le précepte, la défense et la rétribution, en tant qu'ils concernent les rapports de l'homme avec l'humanité, se détachent de Dieu ; une partie de leur exercice doit être déférée, sur la terre, à l'autorité sociale parce que la violation de ces rapports, en causant un tort à l'innocent, exige que l'innocence soit protégée contre de telles violations par une force présente et sensible.

» Ainsi, ce n'est pas la défense de l'humanité qui offre la raison des prohibitions et des punitions, c'est la raison pour laquelle le droit de prohiber et de punir sur cette terre est exercé par l'homme à l'égard de son semblable. Il n'y a pas là une *nécessité politique*, mais il y a une nécessité qui émane de la *loi de la nature*.

» Le droit de punir, en tant qu'on le considère d'une manière *abstraite*, a pour seul fondement *la justice*. Mais il a pour fondement *la défense* de l'humanité si on l'envisage comme un acte de l'homme.

» Celui qui prétend trouver l'origine du droit de punir dans le seul besoin de la *défense*, commet une erreur en ce qu'il méconnaît qu'il ait pour première source la *justice*.

» Mais se trompe également celui qui prétend trouver le fondement de ce droit de punir dans le seul principe de la justice, sans en restreindre l'action dans les limites des besoins de la *défense*.

» Le droit de punir n'a dans les mains de Dieu pour règle que la justice ; l'exercice de ce droit ne devient légitime, dans les mains de l'homme, qu'à raison des besoins de la défense. Il n'appartient, en effet, à l'homme qu'en tant qu'il a pour objet la *conservation* des droits de l'humanité.

» Mais, cependant, quoique la délégation de l'exercice du droit de punir ait pour raison unique la défense, le droit qui est ainsi conféré, est soumis aux règles de la justice. Il ne peut, en effet, perdre le caractère primitif qui est de son essence, lorsqu'il va ainsi se placer dans les mains de l'homme.

» En assignant au châtiment humain pour seul fondement la *justice*, on constituerait un pouvoir moral qui exercerait une action là où il n'y aurait aucun préjudice tombant sous les sens. Le pouvoir social empièterait par là sur les droits de la divinité et tyranniserait la pensée sous le prétexte de poursuivre le vice et le péché.

» En donnant ainsi au châtiment humain pour seul fondement la *défense*, on autoriserait la prohibition de certains actes qui ne sont pas mauvais en eux-mêmes, en donnant pour raison l'utilité publique, et on en viendrait à concéder à l'autorité sociale la tyrannie de l'arbitraire.

» Si le pouvoir social, en se montrant obséquieux envers la justice, punit là où les besoins de la *défense* ne l'exigent pas, il y a, de sa part, une faute par rapport à la justice, mais dans *la forme* seulement. Dans ce cas, la punition est, sans doute, méritée, mais elle est injustement et abusivement infligée au nom de la société. En un mot, le droit de punir dans ce cas existe, mais l'exercice n'en a pas été délégué.

» L'autorité sociale pèche contre la justice dans ce qui en est *la substance* lorsqu'elle punit dans une pensée d'utilité sans que le châtiment qu'elle inflige soit mérité; là où il n'y a pas de méfait, le droit primitif d'infliger une punition ne peut exister et ne saurait être délégué.

» Ces deux principes nous ramènent à la loi éternelle de l'ordre d'où émanent *la société*, *l'autorité* et pour celle-ci le droit de *prohiber* et de *punir*. La loi de l'*ordre externe*, c'est-à-dire le besoin de la défense, investit l'autorité humaine d'un pouvoir sur l'homme ; la loi de l'*ordre interne*, la justice, en dirige l'exercice en fournissant une mesure modératrice. La limite interne du droit pénal se trouve ainsi ramenée à la plus simple et à la plus exacte expression au moyen de cette formule : Le droit pénal a à intervenir toutes les fois que cela est nécessaire pour donner protection au droit : il n'a pas à intervenir là où le droit n'est pas violé et n'est exposé à aucun péril imminent. Il est *en défaut* s'il manque à la première de ces maximes ; il est *excessif* et injuste s'il méconnaît la seconde, même à l'égard d'un acte immoral et essentiellement mauvais.

» On voit par là qu'il n'est pas vrai que le droit pénal soit restrictif de la liberté de l'homme. Il n'y a pas, en effet, atteinte à la liberté là où un empêchement se produit entre l'assassin et la victime. La liberté humaine n'est autre chose que la faculté d'exercer l'activité sans porter atteinte au droit d'autrui. La liberté de chacun doit co-exister avec une liberté égale pour tous. Les restrictions trouvent, en effet, leurs sources dans les lois naturelles, qui confèrent au sein de l'humanité des droits et qui imposent aux hommes l'obligation de les respecter. La loi humaine ne saurait amoindrir la liberté lorsqu'elle la contient dans des limites qui lui sont assignées par sa propre nature.

» Ainsi, le droit pénal est à la fois le protecteur de la liberté humaine, soit externe, soit interne. Il protège la liberté interne en donnant à l'homme une plus grande force pour résister au pire de ses tyrans, à ses propres passions. L'homme, comme le disait, avec raison, D'AGUESSEAU, n'est jamais plus libre que lorsqu'il soumet ses penchants à l'empire de la raison et lorsque sa raison prend pour guide la justice. Le droit pénal maintient la liberté externe, lorsqu'il protège le faible contre le fort dans la jouissance de ses droits et dans les limites de ce qui est juste. C'est en cela que consiste la vraie liberté.

» Cette vérité est toujours la même tant dans l'ordre de la prohibition et de la répression des faits qui lèsent les particuliers, que dans celui des faits qui offensent le corps social et l'autorité publique. Dès qu'on reconnaît que la société et l'autorité ne sont pas des créations purement politiques et ont leur source dans les lois de la nature, on doit admettre que l'autorité a le droit d'assurer sa propre conservation. Elle trouve en elle-même le droit d'être respectée, et il y a en même temps devoir, pour les citoyens, de lui porter respect lorsqu'elle se meut dans la sphère de sa propre légitimité (1). »

Tel est l'exposé des données scientifiques d'où émane le droit, qui est en tête de l'œuvre de M. Carrara, et que je viens de traduire littéralement et le plus fidèlement qu'il m'a été possible.

M. Carrara rattache le principe du droit à la destinée humaine. L'homme est un être perfectible, qui progresse au sein de la vie civile par l'observation de la loi morale.

(1) *Programma del Corso di diritto criminale, Parte generale*, p. 10, della quarta edizione. Lucca, 1871, 1 vol. in-8°, 773 pag.

La loi pénale vient sanctionner la loi morale dans la mesure de ce qu'autorise la justice et dans un but d'utilité, pour la protection des droits. C'est là la doctrine de l'école spiritualiste dont s'inspirent les législateurs de notre époque, et qu'ont aussi émise, parmi nous, dans des écrits qui l'ont vulgarisée, M. Cousin, M. Guizot M. de Broglie, M. Rossi. A ces noms, qui sont en possession d'une célébrité méritée, vient s'adjoindre celui de notre honorable collègue Carrara, qui fournit aussi à la science un de ses plus doctes interprètes. Les grandes vérités se produisent sous les formes diverses qu'elles révêtent sous la plume de chaque écrivain, mais elles sont aussi indéfectibles qu'immuables ; on les découvre, on les expose, mais on ne les crée pas. Heureux celui qui, par la puissance d'une haute intelligence et par les lumières de la raison, peut arriver à la perception des lois de l'ordre moral et peut jeter quelque jour sur les grands mystères qui enveloppent la marche des sociétés humaines dans les voies qui leur ont été assignées par le suprême créateur des mondes. Ces études fortifient l'âme, développent les forces intellectuelles, raffermissent la foi à l'existence de la loi morale et inspirent la volonté de se guider par les principes qu'elle établit.

L'étude du droit pénal n'est que celle de la morale sociale dans ce qu'elle a de pratique et dans ce que l'action de la loi peut produire pour amoindrir la perpétration du crime et pour assurer l'empire de la justice qui consiste dans une exacte pondération des droits et des devoirs de chacun, d'où résulte l'harmonie des forces au sein de la vie sociale.

Après les aperçus philosophiques que nous venons de retracer, M. Carrara expose les règles générales du droit pénal en les plaçant dans trois sections de son livre qu'il consacre aux délits, aux peines et au jugement. Nous ne le suivrons pas dans les expositions de principes et dans les développements que contiennent chacune des trois parties de son livre. Cela serait trop long et exigerait des détails trop abondants pour qu'une analyse exacte et complète pût vous être présentée. — Je me bornerai à exposer les idées de notre honorable collègue sur quatre points fondamentaux, sur l'*aggravation de la peine* à l'égard du récidiviste, sur les caractères que doit offrir *la peine*, sur la *peine de mort* et sur le *système pénitentiaire*.

I.

Punition de la récidive.

La matière de la récidive est, sans contredit, une de celles qui soulèvent les questions les plus graves et sur lesquelles les systèmes les plus divers se sont produits dans le champ de la doctrine. Il faudrait entrer dans de longs détails pour exposer les points de vue divers sous lesquels ce sujet a été envisagé dans les écrits des criminalistes. M. Carrara a essayé de le faire dans un de ses travaux qui ont été publiés en dehors de son cours (1); nous nous bornerons à examiner avec lui la question fondamentale qui est encore vivement agitée : on se demande s'il est rationnel et juste d'aggraver la peine ordinaire à raison d'un délit antérieur pour lequel il y a eu un jugement.

Sur ce point, les opinions des légistes sont encore partagées. Les uns prétendent que la récidive ne doit en rien modifier l'application des peines. D'autres défendent le système assez généralement consacré dans le droit positif, et admettent que celui qui commet une nouvelle faute, après avoir été condamné pour une première,

(1) *Stato della doctrina sulla recidiva.* Opuscoli, t. II, p. 127.

doit, à raison de sa rechute, être puni avec plus de sévérité.

Parmi les *criminalistes* qui soutiennent la première de ces opinions figure, en tête, M. le conseiller CARNOT, auteur d'un *Commentaire de notre Code pénal*. Je crois devoir rapporter les termes dans lesquels il s'exprime, parce qu'ils font voir, avec netteté, comment la question s'est posée : « Les individus qui se rendent coupables, par *récidive*, de crimes ou délits, ne peuvent inspirer, sans doute, aucune pitié, mais il faut être juste envers ceux mêmes qui ne sont dignes d'aucune faveur; et peut-on dire qu'il soit dans les principes d'une exacte justice, de leur appliquer une peine *plus sévère* que celle qu'ils ont encourue *par le genre de crime* dont ils se sont rendus coupables? S'ils ont commis un premier crime, n'est-ce pas ouvertement violer à leur égard le *non bis in idem*, qui fait l'une des bases fondamentales de toute législation en matière criminelle? D'une autre part, la peine du crime ne peut être aggravée qu'à raison des *circonstances qui s'y rattachent*, qui lui sont *concomitantes*, et qui en font un *tout indivisible*. Que les tribunaux fussent tenus, dans le cas de *récidive*, d'appliquer au *maximum* la peine du crime qui aurait été commis, ce serait faire tout ce que l'on pourrait, en respectant les principes dont il est toujours dangereux de s'écarter (1). » M. ALAUZET partage ces idées et leur donne son assentiment dans un travail, couronné par l'Institut, que son auteur publia, en 1842, sous ce titre : *Essai sur les peines et le système pénitentiaire* (2). Déjà, en 1836, M. Hercule Bourdon avait aussi soutenu cette même thèse (3), et M. Tissot s'est efforcé

(1) *Commentaire sur le Code pénal*, t. Ier, sur l'art. 56, p. 196 de la 2e édit.

(2) Imprimé par autorisation du Roi à l'imprimerie royale. Voir à la page 76 le chap. IX, intitulé : *Récidive*.

(3) *Revue de Législation*, de M. Wolowski, 1856, p. 450.

de la reprendre dans un ouvrage considérable sur *le Droit pénal étudié dans ses principes, dans les usages et les lois des différents peuples du monde* (1).

On a aussi fait remarquer qu'une aggravation de peine ne pourrait, avec justice, être imposée au récidiviste, qu'autant que le châtiment qu'il aurait subi serait doué d'une vertu moralisatrice dont l'inefficacité, à l'égard du détenu, attesterait en lui l'existence d'une nature profondément perverse. Lorsque la société place elle-même le coupable dans un lieu de détention qui n'offre qu'un affreux foyer de corruption ; lorsqu'elle le met dans un milieu où il y a absence de sens moral et où la corruption est contagieuse, comment peut-elle ensuite, avec justice, lui reprocher de ne pas s'être corrigé et lui infliger un châtiment plus rude parce qu'il n'a pas été guéri par un traitement qui, au lieu de l'assainir, n'était propre qu'à aggraver le mal dont il était déjà atteint (2) ? C'est souvent sous la pression d'une fatalité, d'un entraînement irrésistible qu'un homme, qui n'était pas profondément pervers, mais qu'on a jeté dans une prison, devient un criminel dangereux. On peut entrer dans une prison avec une moralité douteuse, mais il est à peu près certain qu'en en sortant on sera plus corrompu qu'on ne l'était avant d'y avoir séjourné. Le public le comprend si bien que s'il lui répugne de se mettre en contact avec un libéré, c'est moins à raison du délit qu'il a commis, qu'à raison du milieu malsain d'où il sort et dans lequel il a vécu. Etablissez un système pénitentiaire qui ait par lui-même une puissance réformatrice, alors vous pourrez, avec justice, frapper plus rudement les natures perverses que les épreuves auxquelles vous les aurez soumises n'auront pas pu améliorer.

(1) Tome I, p. 96. Paris, 1860, 2 vol. in-8°.
(2) Voy. M. Franck, *Philosophie du Droit pénal*, p. 190. Paris, 1864, in-18.

Telles sont, en résumé, les raisons de l'école qui conteste, au point de vue du droit rationnel, la légitimité de l'aggravation de la peine ordinaire à l'égard du récidiviste.

Voici maintenant les motifs qu'on invoque à l'appui de la doctrine opposée qui est celle à laquelle se rattache M. Carrara.

On accorde d'abord à M. Carnot que le délit à raison duquel une première condamnation a été prononcée, n'ayant rien qui le rattache au second, ne peut pas constituer une circonstance aggravante de ce dernier. « On ne saurait prétendre, dit notre honorable collègue, que la criminalité du second délit puisse recevoir un accroissement par la récidive. La récidive n'ajoute rien à la nouvelle dette : le coupable a soldé la première, il serait injuste de la lui porter en compte une seconde fois (1). » Cette observation repose sur l'évidence des faits. La récidive ne peut pas avoir les caractères des circonstances aggravantes qui résultent de faits accessoires concomitants avec le fait principal et qui viennent s'y rattacher. Elle constitue un *état* de l'accusé dont les effets juridiques le concernent seul et qui ne produit rien par rapport à ses complices. Cela est si vrai que, sous l'empire de notre législation, les jurés qui sont appelés, aux termes de l'article 338 de notre Code d'instruction criminelle, à vérifier l'existence des circonstances aggravantes énoncées dans l'acte d'accusation ou résultant des débats, ne doivent pas être interrogés par rapport à l'état de récidive de l'accusé, même lorsque cet état est contesté. M. Carnot, conséquent avec ses doctrines, a bien pu déclarer qu'il n'hésiterait pas, dans un semblable cas, de soumettre la question au jury (2), mais son opinion n'a pas été admise

(1) *Programma*, p. 529, § 737.

(2) *Commentaire sur le Code pénal*. T. I. p. 201, sur l'art. 56, n° 14.

et a été repoussée par la Cour de Cassation, qui a plusieurs fois déclaré que la récidive n'est pas une circonstance aggravante du fait de l'accusation, qu'elle n'est, par rapport à ce fait, ni circonstance morale, ni circonstance matérielle, qu'elle ne constitue pas un délit en elle-même, et qu'elle ne doit être considérée que comme élément accidentel de la délibération sur l'application de la loi au fait principal (1).

M. Carrara dit encore, avec M. Tissot, que « les moralistes déclament en vain contre la perversité plus grande qu'on rencontre chez le récidiviste : le droit pénal, qui est le juge compétent de la criminalité objective du fait, *malvagita dell'atto*, ne pourrait s'attacher à la culpabilité *subjective* de l'agent, *malvagita dell'uomo*, sans sortir des limites qui lui sont assignées, et les critiques des plus habiles criminalistes resteraient sans réponse si on voulait rattacher l'augmentation de la peine applicable au récidiviste, à une augmentation correspondante de l'imputabilité (2). »

Que notre honorable collègue me permette de n'être pas entièrement de son avis sur ce point. Selon moi, la justice répressive ne doit, sans doute, atteindre que les faits extérieurs, mais pour l'appréciation des faits extérieurs elle a aussi à tenir compte de l'état moral de l'agent. N'est-ce pas l'intention qui est l'élément constitutif du crime, et la perversité plus ou moins profonde de l'agent ne doit-elle pas fournir l'un des éléments du compte qui servira à établir l'étendue de la peine (3) ? Quant à moi, j'admets, avec M. Rossi, que « la récidive

(1) Arrêts des 11 et 20 juin 1812, 10 octobre 1812, 3 janvier 1828 et 18 juin 1829, cités par M. Gilbert, C. pén. annoté, sur l'art. 56, n° 29.

(2) Programma, p. 529, § 737.

(3) Stefferex de Montgex, *De la Récidive*, p. 15 et suiv. Chambéry, 1868, in-8°.

accuse d'un côté le délinquant d'une grande perversité morale ; que, de l'autre, elle révèle à la société un agent très-dangereux. Il y a, dans l'auteur de la récidive, une culpabilité spéciale, *morale* et *politique* à la fois (1). »

Un motif d'utilité vient, en effet, prescrire au législateur de placer celui qui est condamné, sous la menace d'une peine plus sévère que la peine ordinaire, s'il vient à rechuter. Sur ce point, M. Carrara justifie, par des raisons évidentes, les législations qui admettent en principe l'aggravation par rapport à la récidive. Pour lui, l'unique motif acceptable pour l'élévation de la pénalité, se trouve dans l'*insuffisance relative* de la peine ordinaire par rapport à celui qui a déjà enfreint la loi. Il a lui-même fourni la preuve de cette insuffisance par le fait à raison duquel il a été condamné et qui atteste que la mesure ordinaire de la peine ne saurait l'arrêter (2).

« Le législateur, dit M. Carrara, estime d'abord qu'une certaine quantité de mal pourra suffire pour la répression d'un délit donné. Il se base pour cela sur ce qui peut convenir dans des conditions ordinaires et par rapport à la plupart de ceux qui pourraient être disposés à enfreindre la loi. L'expérience vient attester l'exactitude de son calcul, par rapport au plus grand nombre des délinquants qui, après avoir été punis, ne tombent pas en rechute. Mais quand, après avoir été châtié, le condamné recommence, il y a là un signe certain d'un mépris du mal qu'il a subi. Cela atteste chez le coupable une nature exceptionnelle qui offre une insensibilité grande et qui impose une augmentation du châtiment pour qu'on puisse raisonnablement en espérer un résultat utile. Lorsque le coupable, ne tenant aucun compte de la condamnation

(1) *Traité de Droit pénal*. T. III. p. 114.

(2) *Programma*, p. 530. § 738.

qu'il a subie, en vient à insulter de nouveau la majesté de la loi et se permet des attaques contre la sécurité des citoyens, ne montre-t-il pas lui-même que le premier châtiment a été trop doux par rapport à lui, quoiqu'il puisse être suffisant pour la généralité des délinquants ? Il ne peut donc reprocher à la société une injustice lorsqu'elle emploie, à son égard, un châtiment plus grave que le châtiment ordinaire. »

» La société avait été alarmée lorsqu'un premier délit avait été commis, et cette alarme avait été apaisée par la punition. L'alarme se reproduit avec plus de force lorsque celui qu'avait atteint la peine vient à commettre un délit nouveau. La peine ordinaire n'offrirait plus qu'un remède insuffisant pour rassurer la société dès que les faits sont là pour montrer son insuffisance par rapport à l'agent qui a rechuté (1). »

Cette doctrine est celle que j'ai toujours enseignée. J'ai toujours pensé que la récidive montrait dans l'agent un mépris de la loi qui donnait à ses actions une culpabilité morale toute spéciale et qu'il était nécessaire, dans l'intérêt de la défense sociale, de placer celui qui a commis un premier délit sous l'action de la crainte d'un châtiment plus grave dont la loi lui adresse la menace pour le cas où il viendra de nouveau à délinquer.

Une loi du 25 frimaire an VIII avait, sous le Consulat, correctionnalisé un certain nombre de faits et principalement de vols pour lesquels le Code pénal du 25 septembre 1791 prononçait des peines afflictives et qu'il plaçait dans la classe des crimes. Cette loi avait des sévérités contre les récidivistes. Elle voulait, dans son art. 15, que les délits qu'elle correctionnalisait fussent, par

(1) *Programma*, p. 532, §§ 739, 740 ; — *Opuscoli*, vol. II, p. 129, *Stato della dottrina sulla recidiva*.

rapport aux récidivistes, déférés aux tribunaux criminels pour être punis, comme par le passé, conformément au Code de 1791. Elle ajoutait, dans une disposition du même article 15 : « La lecture du présent article sera » faite aux condamnés, lors de la prononciation du juge- » ment de police correctionnelle. » Cela était sage, les condamnés savaient ainsi que si on se bornait à leur infliger, pour une première fois, une simple correction, on les traduirait devant un tribunal supérieur de répression et on les frapperait d'une rude peine afflictive et infamante s'ils commettaient de nouveau la même infraction. Il serait bien qu'un avertissement semblable fût encore donné à tous ceux qui sont condamnés.

Quant à l'objection prise du régime mauvais et corrupteur qu'offrent encore nos prisons, il est impossible de contester le fait ; ce qu'on peut dire, c'est que le raisonnement auquel il sert de base, par rapport à la récidive, ne détruit en rien les principes que nous avons posés, et prouve seulement qu'une réforme de notre système pénal actuel devient de plus en plus nécessaire et urgente quant à ce qui concerne les peines privatives de la liberté.

On trouve dans le rapport du garde des sceaux qui est en tête du dernier compte général de l'administration de la justice criminelle publié pour l'année 1870, un passage qui confirme ce que je dis à ce sujet. « Il ressort, dit M. Dufaure, des renseignements de la statistique depuis vingt ans un fait incontestable ; l'accroissement incessant de la récidive. Au début de cette période, on a pu l'attribuer à l'institution des casiers judiciaires; mais aujourd'hui il est impossible de méconnaître qu'il ne soit dû, en grande partie, à l'insuffisance du régime pénitentaire au point de vue moralisateur. Le gouvernement se préoccupe de cette situation et l'Assemblée nationale a chargé une commission de procéder à une vaste enquête qui permettra d'apprécier les véritables causes du mal et d'appliquer les remèdes propres à l'atténuer. »

La question du régime pénitentiaire est à l'étude en France depuis plus d'un demi-siècle. Il m'a toujours semblé qu'elle était suffisamment élucidée et qu'il ne manquait, pour la faire aboutir, que des temps calmes, qui pussent permettre de reprendre les projets qui, à diverses époques, furent portés devant nos assemblées législatives, et d'en organiser l'exécution.

II.

De la peine.

Après avoir exposé, dans une première section de son ouvrage intitulé *du Délit*, les éléments qui sont constitutifs des faits punissables, et de la *culpabilité* des personnes auxquelles ces faits sont imputables, l'auteur consacre une seconde section à la peine, *Della pena*, pour la définir, pour en exposer l'origine historique, pour en tracer les caractères juridiques, pour déterminer les principes selon lesquels elle doit être proportionnée aux délits à raison desquels elle doit être appliquée.

« Le mot peine a, selon M. Carrara, trois significations différentes : 1° employé dans un sens *général*, il exprime toute espèce de douleur ou tout mal qui produit de la douleur ; 2° dans un sens *spécial* ce mot exprime un mal qu'on souffre à l'occasion d'un fait qu'on a exécuté avec malice ou qui est le résultat de l'imprudence, et suivant cette acception le mot peine comprend toutes les peines *naturelles* ; dans un sens encore *plus spécial*, IN SENSO SPECIALISSIMO, ce mot s'applique à un mal qui est infligé par l'autorité civile à un coupable, à raison d'un délit qu'il a commis.

M. Carrara, en se rattachant à ces notions, définit ainsi la peine : *un mal que les magistrats infligent conformément aux lois de l'État à ceux qui, avec l'emploi des formes voulues, ont été reconnus coupables d'un délit* (1).

Cette définition donne une idée nette de la peine légale. Il faut, pour qu'elle existe, un coupable, des juges qui constatent l'existence du délit et la culpabilité de celui auquel il est imputable, une loi qui incrimine le fait et qui prescrit de le punir.

Faites subir, par une fatale erreur judiciaire, un supplice à un innocent, il n'y aura, en cela, qu'une *voie de fait* malheureuse et déplorable, qui n'offrira aucun des caractères de la peine et qui ne consistera que dans l'action de la force (2).

Que la peine soit infligée, à un coupable, sans jugement ou par des individus qui n'ont aucune autorité, il pourra y avoir dans ce fait un acte de vengeance ; il y aura toujours un acte arbitraire plein de danger qui ne doit pas se produire inpunément dans une société bien ordonnée.

Que des juges institués légalement infligent une peine à raison d'un fait mauvais en lui-même, mais qui n'est ni

(1) « Percio definisco la *Pena — quel male che inconformità della legge dello Stato, i magistrati infliggono a coloro che sono con le debite forme riconosciuti colpevoli di un delitto. — Programma*, p. 372, § 584.

(2) La peine, dit M. Cousin, est « le rapport de la douleur à la faute : c'est dans ce rapport et non dans la douleur seule qu'est la vérité comme aussi la honte du châtiment.

Le crime fait la honte et non pas l'échafaud.

(*Du Vrai, du Beau et du Bien*. XIVe leçon, p. 359 de la 2e édit. in-18. Paris, 1854.)

« Sur la terre et de la part des hommes, a dit M. Guizot, le châtiment n'a droit que sur le crime. » Pensée profonde qui résume toute la philosophie du Droit pénal et qui pourrait être l'objet de longs commentaires ! — *De la peine de mort en matière politique*, par F. Guizot, 2e édit. Paris, 1822, in-8°, XXII, 185 pages.

prévu ni puni par une disposition de la loi, il y a là un excès de pouvoir et une violation flagrante de ce principe fondamental de notre droit criminel moderne qui veut que la loi avertisse avant de frapper et que le juge ne fasse qu'accomplir la menace d'un mal qu'elle prescrit d'infliger.

Rien n'est donc plus exact que la définition de la peine légale qu'a formulée avec habileté M. Carrara. Elle est adéquate à son objet, elle est claire, précise, et donne une idée vraie de la chose définie. Elle nous dit que la peine est un *mal*, dans ce sens qu'elle doit affecter la sensibilité en produisant une douleur qu'on craint d'avoir à subir, mais elle n'est pas, en elle-même, un mal puisqu'elle est infligée avec justice et en vue du maintien de l'ordre moral au sein de la vie civile.

M. Carrara fait ensuite remarquer que, pour rendre plus complète et plus intelligible cette notion de la peine juridique, il y a à en rechercher l'origine et à en déterminer l'objet.

L'origine de la peine se présente sous des points de vue différents dans le domaine de l'*histoire* et dans celui du *droit*.

Au point de vue historique, la peine apparaît au sein des nations primitives comme expression d'un sentiment passionné, d'une réaction qui a les caractères *de la vengeance*. Les particuliers offensés sont, eux-mêmes, les ministres de la justice qui châtient le crime, et le pouvoir social n'intervient que pour réglementer l'action de la vengeance privée, pour rétablir la paix, et pour faire cesser les hostilités au moyen des compositions.

Puis, sous les régimes théocratiques, à l'idée de la vengeance vient se rattacher celle de l'expiation. Le crime offense la divinité et exige une expiation publique. Le supplice, *supplicium*, revêt les caractères d'un acte sacerdotal, d'une *supplication*, d'une satisfaction qui apaise la divinité ; le coupable est atteint par cette redoutable formule *sacer esto*, et son immolation a les caractères d'un sacrifice (1).

Plus tard, sous les régimes que M. Carrara qualifie de *semi-théocratiques* (FORMA SEMITEOCRATICA), le souverain sera le représentant de la divinité pour procurer, dès ce monde, la vengeance du crime, et alors apparaîtra, comme ministre du châtiment, cet être dont l'existence au sein de la société est considérée comme un fait providentiel par M. le comte Joseph de Maistre, qui s'est plu à tracer le portrait du bourreau et à décrire des supplices d'une manière émouvante (2).

Enfin, lorsque la philosophie qui met au jour la nature des faits sociaux et qui remonte aux principes sur lesquels le droit repose, aura porté la lumière dans le champ de la science du droit criminel, viendront diverses théories auxquelles on rattachera le droit de punir. L'idée de la vengeance disparaîtra, mais elle maintiendra une terminologie qui ne sera plus en rapport avec les idées qu'on se sera formées sur le principe dont émane le droit de punir. Lorsque la loi frappera sans colère, *lex non irascitur sed cavet*, lorsque le châtiment aura seulement pour objet de rassurer la société alarmée, de la protéger et de maintenir l'ordre au sein de la vie civile, on rencontrera encore dans le langage peu exact des praticiens, ces expressions, *lois vengeresses*, *vindicte publique*, dont l'usage se réfère à des idées qui ne sont plus admises de nos jours.

(1) VICO, *Scienza nuova*, lib. I, n° 40 ; *opere*, t. V, p. 108. — FILANGIERI, *Scienza della Legislazione*, lib. III, art. 1, cap. XI, t. III, p. 256. Genova, 1798, 8 vol. in-12. — CHASSAN, *Principes généraux de symbolique du Droit pénal*. (Revue étrangère de législation et de jurisprudence, t. X (1843), p. 920).

(2) *Soirées de Saint-Pétersbourg*, t. I, p. 38, 2e édit. Lyon et Paris, 1854, 2 vol. in-8°.

Tels sont les faits historiques qu'offre l'évolution du droit criminel au sein des nations, et que M. Carrara a eu d'abord à retracer. Il a dû ensuite exposer les origines philosophiques de la pénalité. En quittant le domaine des faits, il a eu à entrer dans celui des principes. Dans tous les temps, dit-il, les penseurs ont contemplé l'idée abstraite du juste et ont compris qu'il était nécessaire de rattacher les actions des hommes à des principes rationnels. Au sein même de l'antiquité, et lorsque les peuples étaient inspirés, en punissant le crime, par l'idée de la vengeance, des philosophes rattachaient le droit de punir à des principes plus élevés que les impulsions d'un sentiment peu humain, quelquefois féroce, et qui est toujours disposé à dépasser les limites de ce qui est équitable et rationnel. Ces idées n'apparurent que comme des clartés fugitives : il était, dit M. Carrara, réservé au XVIIIe siècle de produire des théories philosophiques, toutes spéciales, sur le droit de punir.

L'auteur énumère, dans une note, douze systèmes, dont il indique les sources, qui présentent entre eux des variétés, mais qui, à notre avis, peuvent être réduits à trois types principaux : le système du contrat social, le système utilitaire, celui qui rattache le droit de punir à l'idée de la justice et qui en mesure l'exercice sur les nécessités de la défense sociale. C'est ce dernier système qui a été exposé de nos jours avec un admirable talent, dans les écrits de M. Guizot, de M. de Broglie, de M. Rossi, et qui a inspiré la réforme de notre législation criminelle opérée par la loi du 28 avril 1832.

M. Carrara lui reproche de faire émaner la peine du principe de l'expiation, d'admettre par là dans le châtiment une anticipation de la justice divine, d'être ainsi logiquement amené à subir les exigences de la morale pure par rapport à la mesure des peines et de rester dans l'hésitation, lorsqu'il se trouve en présence d'une infraction qui, accidentellement, a été déjà et de tout autre manière expiée. Ce système suppose, d'ailleurs, chez l'homme, la connaissance de ce que Dieu seul peut connaître.

Notre honorable collègue voudra bien nous permettre de ne pas partager sur ce point toutes ses idées. Il nous paraît bien difficile, même au point de vue purement juridique, de détacher du châtiment toute idée d'expiation (1). On a voulu, de nos jours, en écarter cette idée, mais il est difficile de supprimer ce qui est inhérent à la nature même des choses et qui est dans le domaine du sentiment (2). Disons-le, on a été inspiré par des craintes mal fondées, basées sur les souvenirs de certains faits qui ne peuvent se produire, de nos jours, dans les choses de la vie. Autre est la justice de Dieu, autre est la justice des hommes qui n'agit que dans un intérêt social. Dieu produira, dans une autre vie, l'expiation du crime en étant inspiré par

(1) C'est ce que nous paraît avoir démontré notre honorable et savant collègue, M. HAUS, qui professe le Droit criminel à l'Université de Gand, dans un discours prononcé à la réouverture des Cours le 10 octobre 1865 et qui a paru sous ce titre : *Du principe de l'expiation considéré comme base de la loi pénale*. Grand in-8°, 72 pages. Gand, 1865.

(2) Voir les objections de M. FRANCK dans sa *Philosophie du Droit pénal* au chapitre VI, en tête duquel est l'intitulé suivant : QUE LE DROIT DE PUNIR N'EST PAS LA RÉTRIBUTION DU MAL PAR LE MAL. (OPINIONS DE MM. COUSIN, GUIZOT, DE BROGLIE, ROSSI). Paris, 1864, in-18, 240 pages.

Notre excellent collègue, M. BERTAULD, est encore plus explicite ; il sépare d'une manière absolue le Droit de la morale et il vient d'exposer, sur ce point, ses idées dans un écrit très-remarquable dont nous n'admettons pas la conclusion, mais dans lequel nous avons trouvé une profonde connaissance des théories philosophiques qui se sont produites de nos jours, une appréciation consciencieuse des divers systèmes émis par les publicistes sur les fondements du Droit de punir, et la pensée généreuse de protéger les idées modernes contre l'envahissement de certaines doctrines attardées qui s'attaquent à toutes nos libertés. *L'Ordre social et l'Ordre moral, le Droit et le Devoir*, par A. BERTAULD, *membre de l'Assemblée nationale, professeur à la Faculté de Caen*. In-18, 176 p., Paris, 1874. Ce volume fait partie de la *Bibliothèque de philosophie contemporaine*, éditée par Germer-Baillière.

sa justice miséricordieuse et en exerçant sa toute-puissance. Il n'appartient pas à l'homme d'empiéter sur ses droits. Dans cette vie l'expiation des mauvaises actions, lorsqu'elle émane de la justice humaine, n'a lieu que dans l'intérêt de la société qui se défend, et pour le maintien de l'ordre au sein des sociétés civiles dont la formation a, selon M. Carrara, donné naissance à l'état de droit.

De la doctrine que nous exposons résulte ce principe moral et protecteur de la liberté, que la loi n'a droit que sur le crime, que la peine consiste dans le rapport de la douleur à la faute (1). C'est par là que la loi présentera, selon la pensée de Leibnitz (2), reproduite par Portalis, non les caractères d'un acte de puissance, mais ceux d'un acte de justice et de raison (3).

Du second principe, qui reconnaît à la société le droit et même le devoir de se protéger, de se défendre, en employant les moyens dont elle peut disposer et qui n'ont en eux-mêmes rien d'injuste, résulte le droit, qui appartient à l'Etat, de faire expier le crime dans un intérêt social seulement.

C'est ainsi que le châtiment se présente avec les caractères d'un acte juste en lui-même, qui donne satisfaction à la société que le crime a alarmée et qui rétablit l'harmonie morale dans son sein. La mesure du châtiment sera basée sur l'idée du mérite et du démérite des actions humaines

(1) Voir *suprà*, p 28, note 2.

(2) Leibnitz, *Observationes de principio juris*, §§ VIII et IX, au tome IV, p. 272 du Recueil des œuvres de Leibnitz, publié par Dutens. Genève, 1768, 6 vol. in-4° ; le tome IV a trois parties. — Voir notre Notice sur les *OEuvres juridiques de Leibnitz* au tome IV, p. 93 (année 1860) des *Mémoires de l'Académie des Sciences de Toulouse*.

(3) « Les Lois ne sont pas des actes de puissance ; ce sont des actes de sagesse, de justice et de raison. » Portalis, *Théorie du Code civil, discours préliminaire*. (Locré, *Législation de la France*, t. I, p. 254, n° 5.)

d'après les données de ce droit naturel qui est l'expression de la raison appliquée à l'appréciation des rapports qui s'établissent au sein des sociétés civiles, et dont M. Carrara démontre, avec une puissance de logique irrésistible, l'existence. C'est ce droit qui, selon la pensée de Bacon, est la loi selon laquelle doivent être faites les lois, *lex legum*. C'est ce droit que Bossuet avait en vue lorsqu'il disait : « Il n'y a pas de droit contre le droit. »

La société ne devant exercer le droit de punir que dans la mesure de ce qui est strictement nécessaire pour assurer la sécurité et l'ordre dans son sein, n'a pas à s'occuper des faits purement psychiques, qui se renferment dans le domaine du for intérieur. Elle ne punit que les faits extérieurs accomplis avec liberté, qui lèsent des droits ou qui manifestent, d'une manière non équivoque, la volonté de les léser et lorsqu'ils proviennent d'un agent doué de discernement. La loi, qui émane de l'Etat social, n'a pas pour mission de punir toutes les fautes et de précéder la justice de Dieu ; elle ne réprime, au sein de la vie civile, que les faits qui ne pourraient rester impunis sans que la sécurité fût compromise, sans que la liberté reçût une atteinte et sans que le trouble ne se produisît dans l'Etat.

Les jurés, lorsqu'ils ont à délibérer sur les circonstances atténuantes, et les juges lorsqu'ils ont à déterminer les peines, doivent donc, en s'inspirant des principes qui ont guidé nos législateurs en 1832, prendre en considération la *valeur morale* des faits qui leur sont déférés et les *nécessités de la protection* que la société doit obtenir pour le maintien de l'ordre. Ils blesseraient la justice en déployant une sévérité qui ne serait pas en rapport avec la valeur morale du fait ; ils manqueraient à leur devoir envers la société, s'ils laissaient les délits sans une répression suffisante, établie sur les deux bases qui doivent, dans les limites fournies par l'une et par l'autre, donner la mesure des châtiments.

Au reste, les doctrines que professe M. Carrara ne heurtent pas directement ces idées, ainsi qu'on a pu le voir par la traduction que nous avons donnée de la partie de son travail, dans laquelle il expose ses théories sur les fondements philosophiques du droit. Il reproduit ces doctrines d'une manière encore plus accentuée dans la seconde section de son livre, lorsqu'il s'occupe des sources philosophiques du droit de punir. « Ce droit, dit-il, qui appartient à l'autorité au sein de la cité, émane de *la loi éternelle de l'ordre* appliquée à l'humanité, ce qui revient à dire qu'il émane des lois de la nature. Quand je dis : les lois de la nature, le droit naturel, je n'ai pas en vue la condition matérielle de l'homme envisagée individuellement. Cette fausse donnée, qui produit tant d'erreurs, dispose à confondre les *appétits* et les *besoins* de l'individu avec les *droits de l'humanité*. Les penchants humains peuvent, dans certains cas, offrir une révélation spontanée de la loi naturelle lorsqu'ils sont raisonnables, c'est-à-dire lorsqu'ils peuvent se coordonner avec les droits de tous. Mais il y a à ne pas confondre la loi de la nature avec la voie par laquelle elle vient, dans certains cas, se manifester. Cette loi est *préexistante* à tous ces penchants ; ce n'est pas d'eux qu'elle *procède*, car elle est antérieure et au-dessus de tout fait humain, de tout ce qui est réglé par l'homme. Selon la pensée d'Aristote, la loi de l'ordre était préétablie dans la pensée divine avant l'existence de l'humanité.

« C'est par cette formule que s'unifient et se confondent le principe de la justice absolue dont la loi naturelle est l'architype, et le principe de la conservation dont la loi elle-même est l'instrument divin, ainsi que l'assentiment spontané de la conscience universelle qui promulgue constamment la loi naturelle. Ces trois idées, qui s'expriment par ces mots : *Justice*, *utilité*, *sympathie*, s'unissent dans cette formule, non comme trois choses distinctes que met ensemble un philosophe éclectique pour former un système, mais comme trois éléments inhérents, par leur nature, à un principe *unique* et qui en sont inséparables (1). »

« Le premier objet de la peine, continue M. Carrara, c'est *le rétablissement de l'ordre éternel au sein de la société*. Le délit a *matériellement* lésé un individu, une famille, un certain nombre de personnes ; ce mal ne se répare pas au moyen d'une peine. Le délit a offensé la société toute entière en violant ses lois ; il a atteint tous les citoyens en amoindrissant la confiance dans laquelle ils étaient par rapport à leur *propre sûreté*, en créant *le danger* qu'un mauvais exemple peut produire.

» Ce dommage, entièrement moral, consiste dans l'offense de tous, qui résulte de l'offense dirigée contre un seul, parce qu'il y a trouble du repos de tous. La peine a pour objet de réparer ce dommage au moyen du rétablissement de l'ordre auquel le désordre du délit avait porté atteinte. La réparation que procure le mal qui constitue la peine, contient en elle-même la *correction* du coupable, un *encouragement* pour les bons et une *admonition* pour ceux qui ont de mauvais penchants. Mais il y a, dans le concept de la peine, quelque chose qui diffère de l'*amendement* du coupable, de l'*intimidation*. Autre chose est amener un coupable à ne plus délinquer, autre chose est avoir la prétention de le rendre entièrement bon. Autre chose est rappeler à ceux chez lesquels il y a de mauvais penchants, que la loi met à exécution ses menaces ; autre chose est porter la terreur dans les âmes. La

(1) *Programma*, p. 387, §§ 602 et 603.

crainte et l'amendement peuvent être inhérents à l'action morale de la peine ; mais, dès qu'on veut la considérer comme son but spécial, on la dénature et on s'écarte des principes sur lesquels repose le droit de punir.

» C'est ainsi que la peine a pour dernière fin le bien social, consistant dans le maintien de l'ordre résultant de la protection qu'obtient la société au moyen de la loi. L'effet de la pénalité se confond ainsi avec la cause qui la rend légitime. (1) »

On voit par cette exposition de principes que nous venons de traduire, que M. Carrara admet, sur les fondements du droit de punir, des doctrincs qui revêtent, sans doute, dans leur expression une forme qui leur est propre, mais qui ne diffèrent pas essentiellement, quant au fonds des idées, de celles qui sont le plus généralement admises en France par l'école spiritualiste, et qui ont amené la réforme que notre législation criminelle a subie en 1832.

Notre honorable collègue entre ensuite dans des détails par rapport aux qualités que doivent posséder les peines, par rapport à leur nature et par rapport à leur diversité. Il est ainsi amené à exprimer ses idées sur la peine de mort et il y a intérêt à les connaître.

III.

De la peine de mort.

Pour ne pas m'exposer à n'exprimer qu'incomplètement et d'une manière imparfaite les doctrines émises par M. Carrara sur la peine de mort, je vais encore traduire

(1) *Programma*, p. 404, §§ 615, 616, 617, 618, 619, 622, 623.

le plus fidèlement que je le pourrai, les pages de son programme qui concernent la haute question de la légitimité et de l'utilité de cette peine. Voici en quels termes il s'exprime :

« Les recherches philosophiques sur la question de savoir si les droits de la société vont jusqu'au pouvoir de donner la mort à un coupable, ne doivent pas porter sur l'étude empirique de l'*utilité* d'une telle peine ; il y a à envisager la question sous le rapport de la légitimité de son emploi, et la décision ne peut que dépendre de la solution déjà donnée au problème des origines rationnelles du droit de punir.

» En adoptant, avec Nicolini, comme source de ce droit, la loi naturelle, nous sommes amenés à nier le pouvoir de donner la mort, car la loi naturelle est essentiellement *conservatrice*. C'est à ce principe que cette loi se rattache pour ne s'en détacher que dans les cas pour lesquels la conservation d'un être humain est *actuellement* incompatible avec l'existence d'autres êtres qui sont ses égaux. Dans ce cas, la loi qui autorise la destruction, loin d'être contraire au principe de conservation, sert à le confirmer.

» Maintenant, ne semble-t-il pas résulter de ce grand principe que la loi conservatrice ne peut permettre la destruction d'un être humain lorsque les *nécessités actuelles* de la défense des autres hommes n'imposent pas un pareil sacrifice ? Le débat étant conduit à ce point, la légitimité de la peine de mort n'est plus, de nos jours, soutenable. L'état *actuel* des nations civilisées, au moins par rapport aux délits ordinaires et dans une situation normale des États, n'impose plus la mort d'un ennemi de la société comme une *nécessité matérielle*. Quant à une nécessité *morale*, présente, reposant sur l'idée de punir un individu pour intimider les autres, on peut bien, quant à ce qui concerne le dernier supplice, en affirmer l'existence, mais on ne saurait en faire la démonstration de manière à lever tous les doutes et à ôter toute possibilité du contraire. Ainsi dans le cas de l'insurgé (*perduello*), la mort qu'on lui inflige pendant une guerre civile ne saurait être justifiée par lès préceptes du droit pénal et ne peut l'être que par ceux du droit de la guerre, *jus belli*. Et encore, dans ce cas, la mort donnée au vaincu ne trouve sa raison extrême que dans la crainte qu'éprouve le vainqueur et dans le sentiment qu'il a de sa propre faiblesse.

» Depuis Beccaria la peine de mort a été attaquée par Malanima, Brissot, Lucas, Pastoret, Livingston, Carmignani, Ducpétiaux, Puccioni, Perez de Molina, Castagna, Mancini, Olivecrona, Ellero et un grand nombre d'autres philosophes ou juristes.

» La nécessité de l'employer a eu pour soutien parmi les modernes : Ulloa, Vanghert, Stubel, Bensa, Silvela, Urtis, Trébutien et, en général, les criminalistes français. »

M. Carrara aurait pu ajouter, aux noms qu'il cite, celui de M. *Véra*, professeur à l'Université de Naples, qui a publié récemment, en Italie et en France, un travail dans lequel il maintient la légitimité de la peine de mort et la nécessité d'y avoir recours (1).

» D'après le principe, continue-t-il, que nous opposons à l'emploi de la peine de mort, il doit apparaître à ceux qui l'ont compris que nous ne réprouvons pas cette peine d'une manière *absolue*, mais seulement d'une manière *relative*.

(1) *La pena di morte per* A. Vera *dottore nelle lettere e nella filosofia della facoltà di Parigi, gia professore di filosofia nella Università di Francia, professore di filosofia nella Università di Napoli.* in-8° 54 p. Parigi et Napoli 1863. — M. Véra a donné une traduction française de cet écrit dans un volume de la *Bibliothèque de philosophie contemporaine*, publié à Paris en 1864, sous ce titre : *Essais de philosophie hégélienne. — La peine de mort. — Amour et philosophie. — Introduction à la philosophie de l'histoire.* In-18. Germer-Baillière, libraire-éditeur.

Nous admettons, en effet, la possibilité de sa *légitimité* éventuelle, même selon la loi naturelle, quand elle est absolument nécessaire pour la conservation d'autres êtres innocents. Cela veut dire que nous en reconnaissons la légitimité par rapport aux nécessités de la *défense directe* qu'on admet quand il s'agit d'un individu attaqué, et qu'on ne saurait refuser à la société ; mais nous nions formellement que l'emploi d'une peine quelconque puisse être légitime par cela qu'il a pour objet de produire la crainte et d'intimider le public. Nous n'admettons en aucune manière le principe de l'*intimidation* que tant d'autres ont considéré comme la raison justificative de la peine (1), et cela par deux motifs : 1° parce que la loi naturelle ne permet pas que l'homme fasse du corps d'un autre homme *un instrument* propre à réaliser le but auquel il veut atteindre ; — 2° parce qu'en admettant que le besoin de l'intimidation puisse légitimer l'emploi des peines, on arrive, par une conséquence logique, à légitimer le supplice infligé à l'innocent.

» Maintenant, nous accordons que les nécessités de la *défense directe* aient pu exister dans d'autres temps et puissent encore exister aujourd'hui dans certains lieux et dans des conditions exceptionnelles. Mais nous ne pensons pas que de semblables nécessités puissent, de nos jours, exister

(1) « Dal principio che noi opponiamo alla pena di morte è manifesto per chi sappia intenderci che noi non impugnamo la pena di morte in un modo *assoluto* ma soltanto *relativo*. Noi l'ammettiamo come possibilmente leggitima secondo la legge di natura quando e *necessaria* alla conservazione di altri esseri innocenti ; che è quanto dire ammettiamo la sua legitimità per la *necessità della difesa diretta*, la quale dovendo reconoscersi nello individuo non puo senza contradizione non reconoscersi nella autorità. Cio che noi recisamente neghiamo si è la falsa dottrina della *difesa indiretta*, neghiamo cioè che una pena qualsiasi si leggitimi per il fine di mettere paura ad altri ; neghiamo cioè il principio della *intimidazione*, assunta da troppi come ragione giustificatrice della pena. » *Programma*, p. 433, § 661.

chez des nations civilisées et bien organisées : nous sommes pleinement convaincus de leur *non-existence*. Nous estimons même qu'il est conforme à la raison d'admettre qu'on ne puisse pas donner la mort au coupable lorsque la nécessité d'agir ainsi peut soulever des doutes. Voilà quelle est notre manière de voir. Nous considérons comme un principe *absolu*, celui suivant lequel, hors des *nécessités de la défense directe*, la peine de mort est illégitime. L'application de ce principe et l'appréciation de l'existence ou de l'inexistence d'une semblable nécessité est une question *relative* dont la solution doit toujours dépendre de l'appréciation des faits extérieurs. Qu'on fasse voir, si cela est possible de nos jours, cette *nécessité directe*, sans mettre en avant le fantôme de l'*intimidation* des masses ; sans cela la peine de mort sera toujours illégitime. Qu'on ne mette pas en avant ces considérations d'*utilité* qu'on a si souvent fait valoir lorsqu'il s'est agi de ce grave problème de la peine de mort, car il n'est pas possible de trouver dans l'utilité le fondement du droit.

» Là où la peine de mort est admise, trois règles doivent être suivies pour son application : 1° on ne doit l'employer que pour les crimes qui sont au sommet extrême de l'échelle de la criminalité ; — 2° elle doit être infligée d'une manière qui soit propre à la rendre *la moins douloureuse possible*, et il y a là une question de *physiologie* ; — 3° elle ne doit pas être infligée en présence du peuple, parce que la vue du sang répandu inspire une certaine férocité. La *notoriété* peut remplacer la *publicité* sans qu'il soit nécessaire de donner au peuple le spectacle de l'immolation d'un être humain. Les anciens ne se contentaient pas de mettre à mort le coupable, ils voulaient encore lui faire subir un martyre. L'exposé des procédés divers inventés pour les supplices serait d'une longueur infinie. Ils se rattachaient à cette fausse idée que l'objet de la peine est l'intimidation et que les peuples doivent être contenus par la terreur (1). »

Ces pages, que je viens de traduire, sont accompagnées de notes assez longues que M. Carrara consacre à des citations

(1) *Programma*, p. 431 *et suiv.* §§ 661, 662.—La publicité des exécutions à mort avait sa raison d'être sous l'empire de nos anciennes institutions, quoique l'affreux spectacle des supplices, alors usités, fût un obstacle à l'adoucissement des mœurs. L'instruction des affaires criminelles se faisait secrètement, selon l'esprit de la procédure inquisitoriale, et l'action de la justice n'apparaissait que par les arrestations, les détentions préventives, les expositions au pilori, les potences, les échafauds, les roues, les bûchers, les fourches patibulaires, les expositions des cadavres des suppliciés le long des routes. Aujourd'hui les affaires sont instruites et jugées publiquement et les journaux donnent une grande notoriété à l'administration de la justice répressive. La peine du carcan et celle de l'exposition publique ont été, chez nous, supprimées. Les condamnés à la peine des travaux forcés ne fournissent plus au public le spectacle plein de dégoût, du passage de *la chaîne,* de ce double cordon d'êtres humains, rangés de deux côtés et attachés tous ensemble par des chaînons latéraux à une grosse chaîne, qui traversait les villes et les villages. Des voitures cellulaires cachent, à tous les regards, les condamnés qu'on transfère d'un lieu à un autre.

La publicité des exécutions à mort a été abolie en Angleterre et dans la plupart des autres pays dans lesquels cette peine est encore employée. Cette publicité est, maintenant, réduite, en France, à sa limite extrême, en attendant que ce reste des anciennes traditions disparaisse entièrement. Les exécutions à mort ne s'y font plus qu'à l'aube du jour, dans un lieu écarté et suivant un mode qui est prescrit par un décret du 25 novembre 1871, et qui ne permet plus qu'à une partie très restreinte du public, d'avoir la vue de cet affreux spectacle sanglant.

Nous proposions, en 1848, la suppression de la publicité des exécutions à mort dans un mémoire sur le *Droit de punir et la peine de mort,* communiqué à l'Académie des Sciences, Inscriptions et Belles-Lettres de Toulouse, qui est dans le Recueil de ses travaux, au tome IV de la 3e série (1848), p. 237. — Voir aussi dans le sens de la suppression de la publicité des exécutions à mort, le précieux rapport sur la *Répression pénale, ses formes et ses effets,* lu par M. Béranger à l'Académie des Sciences morales et politiques en 1855. Il est inséré dans le Recueil des travaux de cette Académie que publie M. Ch. Verger, où on trouvera ce qui concerne la suppression de cette publicité à la page 85 de la livraison du mois d'octobre 1855.

M. Carrara accorde que là où la peine capitale est encore employée, il y aura un mal moins grand en ne l'infligeant pas en présence du public. *Programma*, p. 437, § 662, note 2.

savantes de divers écrits, à des explications qui facilitent l'intelligence des principes qu'il a émis, à la réfutation de quelques objections qui pourraient lui être faites. Nous n'avons pas traduit toutes ces notes, mais il en est une qu'il nous paraît nécessaire de donner, parce qu'elle complète l'exposé des théories que le texte contient, et parce qu'elle a pour objet de réfuter une objection grave qui porte sur le fondement de toute la doctrine abolitionniste de la peine de mort.

L'auteur soutient, nous l'avons vu, qu'en dehors des nécessités actuelles d'une légitime défense, l'emploi de la peine de mort est contraire au droit naturel, et voici les explications qu'il donne à ce sujet :

« On a, dit-il, objecté, en se plaçant sur les traces insidieuses de Filangiéri, que tous les droits *originaires* et *innés* étant inaliénables, la peine de mort n'enfreindrait pas davantage les lois naturelles que ne le feraient toutes les autres peines afflictives. »

« Entre tel cas et tel autre cas, dit M. Carrara, il y a à reconnaître des différences. Les droits originaires de l'homme sont, il est vrai, inaliénables, lorsqu'en les lui ôtant on viendrait à éteindre sa personnalité. Mais si on ne peut lui ôter ces droits d'une manière *absolue*, on peut en distraire certaines parties lorsque cette distraction est autorisée par le droit (Zeiller, *jus naturæ*, § 49 ; Haus, *doctrina juris philosophica*, § 71, 73). C'est ainsi que la liberté est inaliénable parce que l'homme qui l'aurait perdue cesserait d'être un homme en n'ayant plus un des attributs essentiels de la personnalité. Mais on peut aliéner la liberté en partie : toute la théorie de la validité des obligations selon le droit naturel repose sur le principe suivant lequel un homme, en contractant une obligation envers un autre homme, concède à ce dernier une portion relative de sa liberté. Maintenant, ce qui peut se faire par un *pacte* peut aussi se produire par un *fait*. Ce que la loi admet comme conséquence d'une convention explicite, peut aussi résulter d'un fait qui, d'après la loi, pourra produire un résultat semblable. C'est ainsi qu'on considère comme valables, selon la loi naturelle, les vœux monastiques, le mariage et autres choses semblables. Eh bien! il n'est pas plus contraire à la loi naturelle, qu'un homme qui viole la loi expressive d'un droit, soit astreint à perdre, même pour toute sa vie, une portion de sa liberté parce qu'il ne perd pas par là sa personnalité juridique. Mais il répugne à la loi de nature qu'on s'ôte volontairement la vie ou qu'on contracte, soit expressément, soit tacitement, l'obligation de la perdre, parce qu'on abdique alors toute personnalité, la vie ne pouvant en partie être retenue et en partie être aliénée. Voilà pourquoi je maintiens (§ 661) que la loi naturelle n'admet pas la peine de mort, lorsqu'elle admet cependant les autres peines afflictives. Le reproche qu'on adresse à mon raisonnement de trop prouver (*contro-provare*) en excluant toute pénalité, manque ainsi de fondement, dès que les peines afflictives ne produisent pas dans l'homme la perte de sa personnalité, comme cela arriverait s'il s'agissait de l'esclavage qui le met entièrement à la merci du maître.

» Les peines afflictives ne font que restreindre la liberté en mettant seulement obstacle à certains actes. Le condamné qui les subit conserve la liberté comme *droit formel*, quoiqu'elle soit pour lui limitée dans ce qui en est l'objet. Il la possède sauf la restriction qu'il a encourue en enfreignant la loi. Il jouit de la liberté de conscience, du droit de manifester librement sa pensée, de la liberté de ses mouvements dans sa cellule. Il est, en un mot, toujours un homme et sa personnalité n'a pas disparu. Cela est si vrai qu'il lui est possible de commettre un nouveau délit.

» Toute cette théorie repose sur un principe fondamental.

L'homme a-t-il à accomplir *une fin* dans la vie et *quelle est cette fin?* Celui qui n'admet pas cette fin, ou qui (comme Spinoza) assigne pour toute fin à la vie une félicité matérielle, est conduit par là à substituer à un bien moral un bien matériel, et doit nécessairement tomber dans la doctrine pernicieuse de l'*utilitairianisme*. Il devient alors facile de faire le dernier pas en vue de la *conservation* de la chose publique et d'admettre que le bien-être de plusieurs doit être préféré au bien-être d'un seul. De là, la maxime fatale : *salus publica suprema lex esto*. Alors il devient encore facile de faire un autre pas pour accorder à l'infortuné que le malheur vient atteindre, la faculté de disposer de sa propre vie. Mais, au contraire, dès qu'on admet que la fin de l'homme a pour objet son perfectionnement indéfini; cette fin, dans ce qu'elle a d'*absolu* et par laquelle l'ordre particulier s'impose à l'homme comme loi émanant de sa nature et se rattache à l'ordre universel, cette fin, disons-nous, implique nécessairement la négation de la disposition de ces droits qui sont de l'essence de la personnalité. Dès que la loi éternelle a dit à l'homme : — tu ne peux pas, par une détermination de ta volonté, cesser d'être une personne, — cette même loi, pour être logique, doit aussi avoir dit à la société, qui n'est qu'un instrument coordonné pour assurer la protection que procure la loi juridique : — tu ne pourras, pour un fait quelconque, soumettre l'homme à une peine qui détruise sa personnalité ; tu n'as pas la puissance de reduire l'homme à l'état d'une chose.

» Ou il faut nier l'existence d'une loi *morale*, absolue, immuable, qui, dès l'instant de la création, émana de l'humanité; loi dont le paganisme ne nia pas l'existence, mais qu'il comprit à sa manière ; — ou une suprême loi morale étant admise, on a à en déduire une suprême loi juridique.

» De là l'inaliénabilité, au moyen de notre fait, et l'indestructibilité, au moyen du fait d'autrui, de la personnalité humaine. On se contredirait évidemment si on admettait qu'il ait pu être dans la pensée du Créateur d'accorder à l'homme le droit de détruire l'existence qu'il lui a donnée. Créer d'un côté des êtres en vue d'une fin qu'ils auront à accomplir, et leur accorder, en même temps, la faculté de se détruire, c'est se contredire et rendre impossible la fin qui constitue les desseins providentiels (1). »

Telles sont les doctrines que contient, sur l'emploi de la peine de mort, le programme du cours de M. Carrara dans la 4e édition, publiée en 1871. Sa conclusion n'est que celle du *Traité des Délits et des Peines* de Beccaria, qui parut à Milan, avec l'indication de Monaco, en 1764 (2).

(1) *Programma*, p. 434, note 2.

(2) M. Carrara s'est placé dans les premiers rangs des nombreux publicistes italiens qui propagent, à notre époque, les idées propres à amener l'abolition de la peine de mort. Il concourt à cette œuvre, non seulement par ses propres écrits, mais encore en faisant connaître et en recommandant ceux des autres publicistes qui paraissent soit en Italie, soit dans d'autres pays sur cette haute question.

C'est à lui que l'on doit la publication d'une traduction italienne du grand ouvrage de Mittermaier sur la peine de mort qui parut en allemand, à Heidelberg, en 1862, 1 vol in-8o, 169 p. La version italienne a été imprimée à Lucques en 1864 avec des notes et un appendice. Nous avons une traduction française du même ouvrage, qui a été faite par M. N. Leven, avocat à Paris, où elle a été publiée en 1 vol. in 8o de 252 p. en 1865, sous ce titre : *De la peine de mort d'après les travaux de la science, les progrès de la Législation et les résultats de l'expérience*, par Mittermaier professeur à l'université de Heidelberg.

M. Carrara fournissait, en 1861, son concours à M. Ellero, professeur à l'université de Bologne, pour la publication d'un journal relatif à l'abolition de la peine de mort : *Giornale per l'abolizione della pena di morte, da* Pietro Ellero, 3 vol. in 8o, Milano, 1861-1865. L'un des premiers travaux publiés dans ce Recueil, est une leçon sur la peine de mort faite par M. Carrara à l'université de Pise (au t. 1er p. 13 et p. 80, et au t. 2, p. 223). Il y a encore, dans le même journal, une lettre intéressante que Carmignani adressait le 29 juillet 1845 à M. Carrara au sujet de l'exécution de cinq voleurs condamnés à mort dans le grand duché de Lucques, où était encore en vigueur, à

Les raisonnements de M. Carrara offrent l'expression d'une philosophie plus élevée et d'une science du droit plus profonde que celles qui apparaissent dans le célèbre écrit du publiciste du XVIIIe siècle ; mais, nous le répétons, la conclusion nous paraît être la même.

Beccaria, au § XVI, de son *Traité des Délits et des Peines*, déclare d'abord que la peine de mort n'est appuyée

cette époque, notre Code pénal de 1810 qui punissait, dans son article 381, du dernier supplice, le vol accompagné de cinq circonstances aggravantes, pour lequel notre législation actuelle prononce les travaux forcés à perpétuité. Carmignani, en apprenant cette condamnation, s'était empressé d'adresser une supplique en commutation de peine au Grand Duc Charles-Louis et s'était mis en rapport avec les défenseurs des accusés (voir le journal de M. Ellero au t. 2, p. 47). Il avait rédigé, à l'occasion de cette condamnation, un Mémoire qu'on trouve au t. IV, p. 467 du recueil de ses œuvres judiciaires, *cause celebre del Carmignani.*

C'est encore par les soins de M. Carrara et avec ses annotations, qu'a été publiée une version italienne, due à la plume de M. Weinberg, d'un discours contre la peine de mort, prononcé dans une séance solennelle, par M. Geyer, professeur à l'université d'Inspruck dans le Tyrol autrichien. SULLA PENA DI MORTE *discorso letto nella assemblea della società costituzionale a Innsbruck, il* 13 *Luglio* 1869, *dal dottore* AUGUSTO GEYER, *professore alla università, recato in italiano dal dott.* LEONE WEINBERG. *Publicato per cura del professore* FRANCESCO CARRARA *con introduzione e note.* Lucca, 1869, in-8° XV, 32 p.

Enfin M. Carrara, toujours fidèle à des principes qui reposent sur de profondes convictions, vient de maintenir et d'exprimer de nouveau ses idées abolitionistes sur la peine de mort, dans le dernier de ses ouvrages qui vient, en ce moment, de paraître sous ce titre : *lineamenti di practica legislativa penale*, p. 157. Il y reproche, avec une vivacité entraînante, à la commission chargée de rédiger un nouveau projet de Code pénal pour le royaume d'Italie, de s'être écartée de la règle qu'elle s'était imposée, de réduire l'application de la peine de mort au plus petit nombre possible de faits et de ne plus l'employer que pour la répression des crimes les plus atroces.

Voir sur les débats dont la question de la peine de mort a été l'objet devant le parlement italien, les deux volumes publiés à Turin en 1865 sous ce titre : *La pena di morte al Parlamento italiano.*

Le projet d'un nouveau Code pénal pour le royaume d'Italie et les travaux préparatoires, dont il a été l'objet, ont été publiés à Florence sous ce titre : *Il progetto di Codice penale e di polizia punitiva pel Regno d'Italia coi lavori preparatorii per la sua compilazione raccolti ed ordinati su documenti officiali*, Firenze, 1870, 3 vol. in-8° gr.

sur aucun droit : *Non è dunque la pena di morte un diritto.* Il ajoute ensuite : « La mort d'un citoyen ne » peut être regardée comme nécessaire que pour deux » motifs. Premièrement, dans ces moments de trouble » où une nation est au moment de recouvrer ou de per- » dre sa liberté. Dans les temps d'anarchie, lorsque les » lois sont remplacées par la confusion et le désordre, si » un citoyen, quoique privé de sa liberté, peut encore, » par ses relations et son crédit, porter quelque atteinte » à la sûreté publique, si son existence peut produire » une révolution dangereuse dans le gouvernement établi, » la mort de ce citoyen devient nécessaire.

Ce passage fait voir que Beccaria ne conteste pas la légitimité de l'emploi de la peine de mort d'une manière *absolue*. Il reconnaît à la société le droit de priver de la vie celui dont la présence dans son sein ne pourrait coexister avec le maintien de l'ordre et de la sécurité.

M. Carrara, profond penseur et habile juriste, emploie, pour ce cas, une formule plus juridique que celle de Beccaria. Il reconnaît à la société un droit de légitime défense, le droit de se protéger en employant la peine de mort contre un danger *actuel*, *imminent*, et qui ne peut cesser qu'en sacrifiant un grand coupable.

Il ajoute que, dans sa pensée, ce cas ne peut pas, de nos jours, se réaliser au sein d'un pays civilisé et convenablement gouverné. C'est aussi cette même idée qu'exprimait Beccaria lorsqu'il disait : « Sous le règne tran- » quille des lois, sous une forme de gouvernement » approuvée par la nation entière, dans un Etat bien » défendu au-dehors et soutenu dans l'intérieur par la » force et par l'opinion peut-être plus puissante que la » force même, dans un pays où l'autorité est exercée par » le souverain lui-même, où les richesses ne peuvent » acheter que des plaisirs et non du pouvoir, il ne peut y

» avoir aucune nécessité d'ôter la vie à un citoyen, à moins » que sa mort *ne soit le seul frein capable d'empêcher de » nouveaux crimes.* Car alors ce second motif *autoriserait » la peine de mort et la rendrait nécessaire* (1). »

On voit, par ces citations, combien les doctrines de M. Carrara se rapprochent de celles de Beccaria. Ce sont ces doctrines qui ont fait disparaître la peine de mort des Codes d'un assez grand nombre de petits Etats, où la civilisation s'est développée et au sein desquels règne la paix sous des gouvernements forts et bien coordonnés. Ce sont encore ces doctrines qui ont restreint de plus en plus l'emploi de la peine de mort dans les Etats qui ne sont pas encore dans une situation qui puisse leur permettre de la faire entièrement disparaître de leurs lois.

On a remarqué, avec raison, que les théories absolues qui proclament *à priori* l'illégitimité de la peine de mort, n'ont pas pénétré profondément dans l'application et n'ont produit que des résultats peu considérables (2) ; on ne supprimera pas la peine de mort dans les pays au sein desquels sa suppression absolue causerait de l'alarme. C'est principalement dans le domaine des faits, dans une appréciation rationnelle de l'état de la répression au sein de chaque pays, que cette haute question doit être étudiée pour arriver à des réformes législatives.

(1) P. 94 de la traduction française du traité *des délits et des peines* publiée par M. Faustin-Hélie. Paris, 1856, in-18.

Voici les propres expressions dont s'est servi Beccaria : « .... Io non veggo » necessità alcuna di distruggere un cittadino, se non quando la di lui morte » fosse il vero e unico freno per distogliere gli altri dal commettere delitti ; » secondo motivo per cui può credersi *giusta* e *necessaria* la pena di morte. » (Version correcte et complète du traité *Dei delitti e delle pene*, donnée par Cantu d'après l'édition in-f° de Milan sortie des presses de l'imprimerie royale. Cesare Cantu, *Beccaria e il diritto penale*, p. 416, Firenze, 1862, in-18.)

(2) Thonissen, *quelques réflexions sur la prétendue nécessité de la peine de mort*. Belgique judiciaire du 10 septembre 1863.

La peine de mort ne peut entièrement disparaître que dans les pays privilégiés où les mœurs sont bonnes, où la répression des délits est certaine, où la vie de famille existe, où la législation a organisé une police active et un système pénal doué d'une puissance préventive et répressive capables d'intimider les méchants, de les corriger lorsque la peine les atteint, et de rassurer les bons (1). Cela nous conduit à l'examen des idées émises par notre docte collègue sur le système pénitentiaire.

IV.

Du système pénitentiaire.

La question des prisons se rattache aux idées sur lesquelles est édifiée, à chaque époque, et dans chaque pays, le système répressif.

Deux systèmes de répression se présentent à nous dans l'histoire du droit criminel.

L'un d'eux est très radical et a été, autrefois, largement mis en pratique. Il consiste dans la suppression de tout individu dont l'existence, au sein de la société, pourrait causer de l'alarme et porter atteinte à la sécurité.

Ce système possède une puissance très-grande d'inti-

(1) Nous avons exprimé nos idées sur l'abolition de la peine de mort dans le Mémoire dont nous avons précédemment parlé, que nous lûmes à l'Académie des Sciences de Toulouse en 1848. — Voir aussi notre Rapport sur les travaux de M. Ellero, présenté à l'Académie de Législation le 17 juillet 1861 (*Recueil de l'Académie de Législation de Toulouse*, t. X, p. 492). Ce Rapport a été traduit en italien et inséré dans le *Giornale per l'abolizione della pena di morte*, au tome I, p. 325. — On peut voir aussi notre autre Rapport sur deux ouvrages de M. Thonissen, professeur à l'Université catholique de Louvain, lu à la même Académie et inséré dans son Recueil précité, t. XIII (1864), p. 88. L'un de ces deux travaux de M. Thonissen portait ce titre : *Quelques réflexions sur la prétendue nécessité de la peine de mort.* C'est une brochure de 30 pages in-8°, extraite de *La Belgique judiciaire* du 10 septembre 1863.

midation et est essentiellement répressif. Celui qu'il atteint disparaît, n'est plus, pour la société, un objet de crainte, ne lui cause aucun ennui et ne lui occasionne qu'une modique dépense.

L'autre système s'inspire des idées des philosophes et des publicistes du XVIIIe siècle. Il s'harmonise avec les principes de charité dont l'évangile recommande la pratique ; il veut, non la mort, mais la conversion du coupable. Il s'efforce, au lieu de le sacrifier, de le rendre digne de rentrer dans le sein de la société.

Voici, d'après les faits historiques, ce que chacun de ces deux systèmes nous offre dans son application.

Autrefois, en matière de crimes politiques, la peine de mort réprimait tous les mauvais desseins, tous les complots, toutes les séditions et faisait ainsi disparaître de la société les hommes qui attaquaient ou qui étaient disposés à attaquer les institutions existantes (1).

Ceux qui étaient simplement suspects, ou qui avaient eu le malheur de déplaire à la cour, étaient jetés dans

(1) Le crime de Lèse-Majesté, qui consistait dans toute entreprise, toute machination, tout attentat contre la personne ou les pouvoirs du Prince, était toujours puni de mort et de la confiscation de tous les biens. On considérait comme coupables de ce crime, ceux qui n'avaient eu que la pensée de l'accomplir, ceux qui avaient simplement conseillé de le commettre, ceux qui ayant eu connaissance de ces pensées, de ces conseils, des complots qui les avaient suivis, ne les avaient pas aussitôt révélés à la justice, ceux qui avaient recélé les coupables. Voir Muyard de Vouglans, *Lois criminelles*, p. 132. Paris, 1780, in-8° ; Jousse, *Traité de la justice criminelle de France*, t. I, p. v de l'Introduction, et t. III, p. 676 et suiv. Paris, 1771, 4 vol. in-4°.

Voici ce que ce dernier auteur rapporte à la page 697 du tome III de son *Traité de la justice criminelle* : « Un gentilhomme, malade à l'extrémité, s'étant confessé d'avoir eu la pensée de tuer le Roi (qui était Henri II), et le confesseur en ayant donné avis au procureur-général, lorsque ce gentilhomme fut revenu de cette maladie, il fut, sur cette confession, condamné à avoir la tête tranchée aux halles : ce qui fut exécuté. » Cette affaire, dans laquelle on voit une violation coupable du secret de la confession de la nature du délit que punit aujourd'hui l'art. 378 de notre Code pénal, avait été antérieurement citée des prisons d'Etat où ils étaient oubliés et privés de toutes communications avec la société pour laquelle ils n'étaient plus un sujet de crainte (1).

En matière de crimes ordinaires la société se délivrait, par de nombreux moyens, des hommes dangereux.

Celui auquel on imputait un crime était décrété de prise de corps et jeté dans une prison où, en dehors de ce que la charité ou ses propres ressources pouvaient lui fournir, il avait pour nourriture, un pain grossier et de l'eau; pour couche, de la paille renouvelée tous les mois. Les prisons étaient horribles et ceux qu'on y

par La Roche Flavin dans ses *Treize livres des Parlements de France*, à la page 866 de l'édition in-f° publiée à Bordeaux en 1617. Richer en parle aussi dans son *Traité de la mort civile*, p. 289. Paris, in-4°, 1755. Serpillon, en mentionnant cette même condamnation, l'accompagne de ses observations sur le secret de la confession par rapport au crime de lèse-majesté. *Code criminel*, 1re partie, p. 68. On peut voir également, sur ce même sujet, ce que dit M. Merlin et les arrêts qu'il rapporte, dans son *Répertoire de jurisprudence*, aux mots : *Confession sacramentelle*, au tome III, p. 423 de la 5e édition, et à ceux : *Témoin judiciaire*, § 1er, art. 6, au tome XVII, p. 89.

(1) On sait combien étaient nombreuses les prisons d'*État* où étaient détenus, sans jugement, ceux qui avaient été l'objet des *lettres de cachet*. M. Desmaze donne une liste des forteresses dans lesquelles étaient renfermés les hommes, et des couvents que les femmes avaient pour prison et, souvent, pour tombeau. (*Les pénalités anciennes*, p. 266). C'est en parlant de ces prisons que Malesherbes disait dans de respectueuses adresses, au nom de la Cour des aides, à Louis XVI, en 1775 : « Personne, dans votre royaume, Sire, n'est assuré de ne pas voir sa liberté sacrifiée à une vengeance, car personne n'est assez grand pour être à l'abri de la haine d'un ministre, ni assez petit pour n'être pas digne de celle d'un commis des fermes. » (Desmaze, *ubi supra*, p. 280) Le spirituel comte Philippe de Ségur rapporte dans ses *Mémoires*, qui peignent si bien les mœurs de son époque et qui contiennent tant de faits intéressants, qu'on fit peu d'usage des lettres de cachet sous Louis XVI. « Mais, ajoute-t-il, pendant le règne de Louis XV, chez son ministre le comte de Saint-Florentin, on les prodiguait et même on les vendait. » Il raconte, à ce sujet, l'histoire plaisante d'une galante bouquetière qui, moyennant dix louis, avait obtenu une lettre de cachet au moyen de laquelle elle s'était délivrée des importunes obsessions de son mari jaloux qui, à son tour et au moyen de pareille somme, l'avait aussi fait tenir pendant quelque temps sous les verroux. (*Mémoires* ou *Souvenirs et anecdotes*, par M. le comte de Ségur, t. II, p. 247. Paris, 1827, 3 vol. in-8°.)

détenait subissaient déjà un véritable supplice. Laurent Etsantz, dans son traité de *re criminali*, imprimé à Lyon en 1738, s'exprime, à ce sujet, en ces termes : « *Carcer est mala mensio, locus horribilis, torturæ species, similis morti, atque ipsi inferno æqualis.* (*Controv.* 18, n° 69) (1). » Le malheureux détenu, privé presque toujours de toutes communications avec ses proches et avec le dehors, en proie aux angoisses de la crainte, soumis assez souvent à la torture, lorsqu'il ne faisait pas des aveux, ne pouvait résister à un pareil régime qui souvent durait des années. La mort venait frapper fréquemment ceux qui étaient ainsi renfermés dans ces lieux malsains et infects, où, même assez souvent, un suicide mettait fin à leurs jours. La société était, alors, délivrée d'eux.

Les accusés qui ne mouraient pas dans cet enfer, étaient jugés et presque toujours condamnés.

La peine la plus employée était celle de mort. On a constaté qu'elle était appliquée en France, avant la

(1) *Apud* Serpillon, *Code criminel*, Ire partie, page 603. — Voir sur l'état et le régime des anciennes prisons ce qu'en dit le célèbre philanthrope anglais John Howard, dans son écrit publié en 1777 sous ce titre : *Etat des prisons en Angleterre*, dont une traduction française, souvent citée chez nous, parut à Paris en 1788 ; 2 vol. in-8o. — Voir aussi le volume publié par M. Charles Desmaze, conseiller à la Cour de Paris, intitulé : *Supplices, prisons et grâce en France, d'après des textes inédits.* Paris, 1866, in-8o. — « L'ordonnance de 1670 prescrivait, dit-il à la page 245, *que* « *les* prisons fussent *saines et* » *disposées de la manière que la santé des prisonniers n'en soit pas incom-* » *modée.* » Jamais, continue-t-il, la loi ne fut plus mal exécutée. « La plupart de ces prisons étaient des antres humides et ténébreux où les détenus, entassés les uns sur les autres, s'apportaient et se communiquaient des maladies de toute espèce..... Une odeur infecte les rendait horribles. » Il donne une description des prisons de Paris, prise dans un manuscrit du XVIIIe siècle. — M. Monteil a dépeint d'une manière aussi saisissante qu'habile, l'ancien état des prisons, dans sa spirituelle *Histoire des Français de divers états*, au tome II, p. 261, et au tome IV, p. 69, de la 4e édit. de son livre. Paris, 1853, 5 vol. in-12.

Révolution, pour la répression de cent quinze crimes au moins (1).

Le condamné à mort était brûlé, décapité, écartelé, roué ou pendu. Ses restes étaient, dans ces deux derniers cas, portés aux fourches patibulaires ; puis, tout était fini et la société n'avait plus aucun embarras (2).

Après la peine de mort venait celle des galères. La peine des galères était autrefois largement employée, parce qu'on avait alors besoin d'un personnel nombreux d'hommes de peine dans les arsenaux de la marine et parce que la rame manœuvrée au moyen de la force musculaire de l'homme, fournissait, pour certains bâtiments, une puissance motrice que la machine à vapeur a, aujourd'hui, remplacée. Le sort du galérien employé dans les galères, à la chiourme, était des plus tristes. Il succombait presque toujours à la peine et sous le bâton du Comite chargé de mettre en action la force motrice des muscles de l'homme, comme le mécanicien le fait aujourd'hui pour celle que fournit la machine à vapeur. Un forçat ne rentrait presque jamais dans la société, et des documents authentiques attestent que, lorsqu'il était vigoureux et lorsqu'il faisait bien son service à la rame, on le gardait toujours,

(1) M. de Pastoret, *Des Lois pénales*, IVe partie, p. 120. Paris, 1790, 2 vol. in-8o.

(2) Muyard de Vouglans, ce rigide criminaliste, que Mme Rolland rencontrait quelquefois dans la maison des demoiselles *de Lamotte* qu'elle fréquentait dans sa jeunesse, et dont la *sanguinaire intolérance l'avait*, dit-elle, *révoltée* (*OEuvres de Mme Rolland, femme de l'ex-ministre de l'intérieur*, t. I, p. 136. Paris, an VIII, 3 vol. in-8o), Muyard de Vouglans publia à Paris, en 1767, une brochure de 118 pages in-12, ayant pour titre : *Réfutation des principes hasardés dans le traité des délits et des peines, traduit de l'italien.* Il reproduisit cet écrit à la suite de ses *Lois criminelles de France*, qui parurent à Paris en 1780 en 1 vol. in-fo. On trouvera à la page 827 de ce lourd in-folio, les objections qu'il dirigeait contre la substitution à la peine de mort d'un esclavage perpétuel, qui, disait-il, serait loin de donner satisfaction à l'intérêt public à raison des charges lourdes qu'il imposerait à l'État.

malgré ses réclamations, et on ne le rendait pas à la liberté quoique le temps assigné à sa peine fût expiré (1). Aussi la société n'avait à redouter que le très-petit nombre de galériens qui parvenaient à s'évader et qui alors s'affiliaient à des bandes de malfaiteurs.

Quant aux voleurs qui n'avaient à leur charge que des vols simples peu graves et qui ne méritaient ni la mort, ni les galères, on leur infligeait la peine du fouet et de la marque avec un fer ardent : on n'employait pas à leur égard les peines privatives de la liberté. Le voleur était livré à l'exécuteur des arrêts criminels qui le dénudait jusqu'à la ceinture, qui lui liait les mains, qui lui mettait une corde au cou et qui lui faisait parcourir les principaux quartiers de la ville en le frappant avec des verges jusqu'à ce qu'il y eût une effusion de sang convenable. Arrivé au terme de la course, le malheureux était marqué avec un fer rouge. Un bannissement de la contrée, à temps ou à vie, était toujours ajouté à la peine du fouet et de la marque. Celui qui l'avait subie et qui portait sur son corps

(1) Voir les faits établis par des pièces officielles, que rapporte M. Pierre Clément, membre de l'Institut, dans le chapitre IX de son ouvrage qui a pour titre : *La Police sous Louis XIV*. Paris, 2e édit., 1866, in-12.

Voir aussi la *Correspondance de Colbert* publiée par le même M. Pierre Clément, à la page 30 de l'*Introduction*.

M. l'avocat-général Maitrejean exprimait, à raison de ces faits, une noble indignation, à l'audience de rentrée de la Cour de Bordeaux du 3 novembre 1868, dans un discours qui avait pour sujet : *La flotte sous Colbert et l'ordonnance maritime de* 1681. — « Le ministre, disait-il, qui réprouvait justement les violences de *la presse* pour recruter des matelots, ne reculait pas devant les plus odieux expédients pour se procurer des *forçats* « Le Roi, écrivait Colbert » au président Brulart, désirant rétablir le corps de ses galères et en fortifier » la chiourme *par toutes sortes de moyens*, son intention est que vous teniez la » main à ce que votre compagnie y condamne le plus grand nombre de cou- » pables qu'il se pourra. » Il y a, dans ces instructions, un grand oubli de toute idée de justice, et l'expression d'un profond mépris pour l'espèce humaine. M. l'avocat-général Maitrejean mentionne des faits encore plus tristes qu'on peut voir dans son discours et dans les écrits qu'il cite.

un signe indélébile propre à établir son état de récidive, s'il commettait un nouveau délit, devait fuir loin des lieux où il avait subi un châtiment infamant. S'il venait à être repris pour vol, une déclaration de Louis XV, du 4 mars 1724, prescrivait de lui infliger la peine des galères ou celle de mort, qu'il n'évitait jamais lorsqu'il survenait une seconde récidive (1).

Ce système pénal n'admettait que pour des cas très peu nombreux les peines privatives de la liberté. « La prison, dit un ancien criminaliste, n'est établie que pour la garde des criminels pendant l'instruction de leur procès, et non pour les punir, suivant cette maxime : *carcer ad continendos homines non ad puniendos haberi debet.* (*L. aut damnum* 8, § *solent*, 9, *D. de pœnis.*) (2). »

Avec un pareil système répressif, la société n'a pas la charge de construire de nombreuses prisons, de fournir des aliments à un personnel considérable de détenus, de les faire garder et de les faire surveiller après leur libération. Ce système très simple procède en supprimant les hommes dangereux. L'Etat et les malfaiteurs sont en guerre ; les avantages sont pour l'Etat qui est le plus fort ; il est attaqué et il se défend en se défaisant de ses ennemis. Voilà comment opère le premier système répressif. Il ne tient aucun compte des règles de l'équité et de la justice, il ne s'inspire que de la raison politique, il frappe rudement et aveuglément pour intimider, il traite comme des rebelles tous ceux qui enfreignent les lois et il en débarrasse la société.

(1) Leverdy, *Code pénal* ou *Recueil des principales ordonnances, édits et déclarations sur les crimes et délits*, p. 109. Paris, 4e édit., 1777, in-12. — Voir notre Mémoire sur *la Répression du vol d'après les lois anciennes et la jurisprudence du Parlement de Toulouse*, dans le *Recueil de l'Académie de Legislation*, au tome XVII (1868), p. 69.

(2) Jousse, *Traité de la justice criminelle*, t. I, p. 81.

Le second système repose sur des données philosophiques et sur des principes qui reconnaissent à l'individu des droits et qui imposent à la société des devoirs. L'homme qui a failli doit expier sa faute; la société, en le punissant, ne doit pas excéder les limites que lui assignent la justice et les nécessités de la défense. Elle doit, en infligeant les peines, avoir en vue un double but, celui de détourner ceux qui auraient conçu des projets criminels, de les mettre à exécution, celui de réformer le coupable afin qu'il ne soit plus disposé à commettre de nouveaux méfaits, et de donner ainsi satisfaction aux exigences de l'ordre moral.

Le premier système agissait au moyen d'une action toute matérielle; il ôtait du sein de la société le malfaiteur et il la protégeait en sacrifiant des individualités dans l'intérêt du corps social.

Le second système veut qu'on punisse le coupable au moyen d'une peine qui ait une puissance d'intimidation suffisamment préventive, mais qui, en même temps, ne méconnaisse pas certains droits que l'homme ne peut, dans aucun cas, perdre. Ce système prescrit une combinaison savante, propre à produire l'action d'un régime suffisamment répressif qui exercera, en même temps, une action salutaire pour l'amélioration morale du condamné qui le subit.

Le système pénal, introduit chez nous par l'Assemblée constituante (1), au moyen de la substitution des peines privatives de la liberté, aux châtiments corporels, n'a pas résolu d'une manière satisfaisante le difficile problème de la création d'une bonne législation répressive.

Nos prisons, nos lieux dans lesquels les peines se subis-

(1) Décret du 19-22 juillet 1791 relatif à l'organisation d'une police municipale et correctionnelle; — Code pénal du 25 septembre-6 octobre 1791. (Duvergier, *Collection de Lois, etc.*, t. III, p. 132.)

sent, reçoivent des condamnés qui ont peu de moralité et nous les rendent, presque toujours, plus profondément corrompus. De là, la nécessité de soumettre les libérés à un régime de surveillance de la police qui constitue en lui-même une peine dure, qui ne produit jamais les effets qu'on en attend et auquel on reproche même d'aggraver le danger auquel on aurait voulu, en l'établissant, obvier (1).

Dès que les peines privatives de la liberté étaient admises et formaient, dans des combinaisons diverses, l'élément principal du système pénal, il y avait à les établir dans leur plus simple expression, à les rendre morales ou, tout au moins, à séparer les détenus et à prévenir le contact corrupteur que produit parmi eux la vie commune. De là, l'idée d'établir des prisons cellulaires et de soumettre tous les prisonniers à un régime de séparation et de silence qui supprimerait tout rapport entre eux et qui rendrait impossible ce contact corrupteur qu'établit la vie en commun.

Le système pénitentiaire, introduit en Amérique en 1787, par la secte religieuse des quakers de la Pensylvanie, et qui consiste dans l'isolement en cellule des condamnés, paraît devoir, dans un avenir prochain et à l'aide de diverses combinaisons, fournir une solution pour l'établissement d'un système répressif qui soit en rapport avec les besoins, les idées et l'état des nations civilisées de notre époque.

Nous n'exposerons pas les études nombreuses dont le système pénitentiaire a été l'objet, depuis le commence-

(1) Au moment où s'impriment ces pages, une loi votée le 23 janvier 1874 vient de modifier les art. 44, 46, 47 et 48 de notre Code pénal concernant la *surveillance de la haute police*, en lui donnant un régime moins dur et en la rendant toujours temporaire. On peut voir les idées que j'avais émises sur la surveillance de la haute police, ainsi que celles exprimées par un de mes collègues, à la séance de l'Académie de Législation du 4 février 1870. (Recueil de la dite Académie, t. XIX (1870), p. 58).

ment de ce siècle, en France et dans les autres Etats de l'Europe (1). Nous ne parlerons pas non plus avec de longs détails, des essais qui en ont été faits et qui ont produit des résultats plus ou moins satisfaisants dans divers pays. Tout cela vient d'être constaté dans un *Congrès des prisons*, qui s'est réuni à Londres, au mois de juillet 1872, et lors duquel 200 délégués, venus de tous les points du monde civilisé, ont pu fournir tous les documents propres à éclairer pour l'édification d'un système répressif qui soit en rapport avec les principes sur lesquels repose le droit criminel de notre époque (2). Nous devons produire, dans ce travail, les idées qui ont été émises sur cette haute question, par un criminaliste tel que M. Carrara, dont les opinions doivent avoir une autorité incontestable.

Nous émettrons ensuite, sans qu'elles puissent certainement aspirer à une valeur aussi grande, nos propres idées sur la nécessité d'organiser chez nous un système de pénalité basé sur la séparation des détenus sans qu'il puisse s'établir de communication entre eux.

M. Carrara se prononce, en termes très exprès et sans aucune restriction, en faveur de l'adoption du système pénitentiaire, lorsqu'il parle des peines privatives de la liberté de locomotion : « La prison, dit-il, a cela d'avantageux qu'elle procure à un bon gouvernement et aux associations particulières, les moyens de s'employer pour

(1) C'est un philanthrope dont la mémoire est vénérée, le DUC DE LAROCHEFOUCAULD-LIANCOURT, qui, le premier, fit connaître en France le système d'emprisonnement cellulaire établi par les quakers de la Pensylvanie, dans un écrit qu'il publia à Paris en l'an IV (1796) sous ce titre : *Des prisons de Philadelphie par un Européen.*

(2) Les rapports, les discussions, les décisions qui ont eu lieu dans ce Congrès, ont fait l'objet d'une publication qui a paru à Londres. *Transactions of the international penitentiary Congress held in London*, july 3-13, 1872. Un vol. de 796 pages, chez Longmans, Green and Ce.

l'amendement du condamné. C'est là une chose très utile et sainte à laquelle les dispositions du droit pénal doivent rester étrangères, mais à laquelle elles ne doivent apporter aucun obstacle et qu'on doit même voir avec faveur pour tout ce qui est compatible avec ce qui est de l'essence de la peine (1).

» C'est par ces motifs que la détention, avec *séparation cellulaire* des condamnés, se répand aujourd'hui, de plus en plus, au sein de tous les pays avancés en civilisation, et cela parce que le raisonnement et l'expérience démontrent que la *promiscuité* des détenus engendre des foyers de corruption (2) ».

(1) La pensée qu'exprime ici M. Carrara se rattache à une distinction qu'il admet entre l'amendement *purement moral*, et l'amendement *pénal* du condamné. Ainsi qu'il l'expose avec détail dans une de ses leçons qu'il a publiée dans le Recueil de ses œuvres diverses, l'amendement du coupable peut revêtir deux caractères. Il peut être purement subjectif, *emenda soggettiva* lorsqu'il opère un changement complet dans le for intérieur, en purifiant l'âme du condamné, en lui ôtant tout penchant vers le mal, en l'élevant jusqu'à l'amour du bien et en l'amenant à la pratique de la vertu. — L'autre amendement, que M. Carrara qualifie d'objectif, *emenda oggettiva*, est le produit de la peine. Il a lieu lorsqu'un malfaiteur, atteint par les lois pénales, comprend qu'il doit réprimer ses penchants pervers afin de ne pas être de nouveau frappé par le châtiment. Le premier condamné pratique le bien par amour ; le second s'abstient de faire le mal en y étant conduit par le mobile intéressé. L'un se conformera à la loi parce qu'elle lui indiquera les devoirs qu'il aura à accomplir ; l'autre ne l'enfreindra plus parce qu'elle le menace d'une peine et que la condamnation qu'il a subie lui aura fait comprendre qu'il s'exposerait à des maux qui ont été pour lui bien grands, s'il n'amendait pas sa conduite.

La peine ne s'adresse qu'au mobile intéressé en attestant la certitude de l'action des lois répressives, mais elle doit être dans des conditions qui ne mettent pas obstacle à cet amendement purement moral qui conduit à la vertu, qui purifie l'âme de ses souillures et que M. Carrara qualifie, de *subjectif*, dans son langage philosophique.

Le docte professeur combat, dans la leçon dont nous venons de parler, les doctrines de l'école humanitaire qui refuse à la société le droit de punir et qui ne lui reconnaît que celui de corriger. (*Opuscoli di diritto criminale*, vol. I, p. 191). On trouvera aussi une réfutation des doctrines de cette école dans la *Philosophie du droit pénal de* M. Ad. Franck, chap. V, p. 73.

(2) *Programma*, pag. 451 et 452, §§ 679, 680.

Voici en quels termes, notre docte collègue de l'Italie s'exprime, dans une note, sur les origines premières du système pénitentiaire et sur son abandon momentané en France, en donnant sur ce système des appréciations qui méritent d'être recueillies :

« Le système pénitentiaire, auquel je donnerais volontiers le nom d'*Orthopédie morale*, remonterait, quant à ses origines, au VIme siècle de l'Ere chrétienne, selon certains érudits catholiques qui le trouvent établi dans un monastère du Mont-Sinaï. (*Revue catholique de Louvain*, 1852-1853, p. 708 *et suiv.*). Il est certain que Clément XI en fit un essai à Rome, en y faisant fonder, pour les jeunes délinquants, une prison dans laquelle ils étaient dans des cellules, avec isolement, et où ils recevaient de l'instruction (1).

» Au sein de la civilisation de notre siècle, le système pénitentiaire aurait certainement été partout adopté si des motifs d'économie qu'on s'est plu à déguiser sous des objections plus spécieuses que solides, mais appuyées sur les préjugés vulgaires, n'étaient venu lui faire obstacle.

(1) L'historien Cantu rapporte ce fait dans son *Histoire des Italiens*, où il dit qu'une prison cellulaire fut aussi établie, à cette époque, à Florence. Voici en quels termes il s'exprime : « Clément XI, affligé de voir que les jeunes repris de justice, bien qu'ils fussent séparés des adultes, sortaient toujours des prisons plus corrompus, chargea Fontana d'annexer à l'édifice de Saint-Michel, à Ripa, une maison de correction pour les individus au-dessous de vingt ans. Outre les logements des gardiens et d'un ecclésiastique, il y avait trois étages avec soixante cellules autour d'une vaste salle, au fond de laquelle étaient une petite chapelle et l'autel ; un prieur fut chargé de les instruire dans la morale et la religion, et des artisans honnêtes leur enseignèrent un métier. Les parents purent y faire enfermer leurs fils, que l'on cherchait à corriger par le fouet et les prédications. Ce pénitentiaire, qui devançait les tentatives dont les bons gouvernements nous offrent aujourd'hui tant d'exemples, dura quatre-vingts ans. Nous devons rappeler que, deux ans auparavant, le prêtre Philippe Franci avait disposé à Florence la prison de Saint-Philippe avec la réclusion cellulaire. » (César Cantu, *Histoire des Italiens*, t. X, pag. 25 de la traduction française de M. Armand Lacombe. Paris, 1859-1862, 12 vol. in-8°).

» C'est ainsi qu'en France, la proposition faite en 1840, sous le ministère Duchatel, de substituer le système pénitentiaire à celui de l'emprisonnement en commun, après avoir été adoptée en principe par la Chambre des pairs et par celle des députés, fut ajournée à suite de la Révolution de 1848. Son application, qui devait être générale, fut restreinte à quelques établissements particuliers pour lesquels on eut à se servir des bâtiments déjà construits. On put ainsi ouvrir à Paris, en 1850, la grande prison de *Mazas* (1).

» Bientôt une circulaire du 17 août 1853, du ministre Persigny, déclara expressément que le gouvernement renonçait à tout projet de séparation cellulaire pour s'en tenir à la séparation par quartier. Pour rendre moins impopulaire ce que cela avait de rétrograde, on accrédita un écrit du docteur Pietra-Santa, publié sous ce titre : *Mazas, Etudes sur l'emprisonnement cellulaire*, dans lequel on cherchait à alarmer le public sur les dangers des aliénations mentales et des suicides que l'on prétendait être le produit de l'isolement. C'est avec bonne foi que Van der Brugghen a élevé des objections contre l'emploi de ce système pour la répression des petits délits; mais ces objections sont peu fondées. Il est, dit-il, absurde d'appliquer un remède là où le besoin s'en fait peu sentir; les coupables de petits délits sont moins pervertis et on a peu à craindre qu'ils se corrompent entre eux. Comment ne comprend-il pas qu'un malfaiteur endurci peut commettre quelquefois un délit léger et peut ainsi se trouver avec des néophytes en fait de crime? Mais, ajoute-t-il, la détention pour de petits délits est de

(1) On trouvera des détails satisfaisants sur cette prison et sur le régime auquel les détenus y sont soumis, dans un écrit très-consciencieux de M. Ch. Berriat-Saint-Prix, conseiller à la Cour de Paris, publié en 1860 sous ce titre : *Mazas, étude sur l'emprisonnement individuel*. In-8°, 48 pages.

trop courte durée pour qu'on puisse en retirer une amélioration qui ait quelque valeur; il oublie donc que l'isolement, en dehors du but secondaire de l'amendement des condamnés, a pour objet principal, et de premier ordre, d'empêcher qu'ils ne se pervertissent et que leur corruption peut être trop bien produite par un seul mois et même par quelques jours de détention en commun (1). »

Nous ne pouvons que donner une entière adhésion aux appréciations aussi exactes que saisissantes de vérité de M. Carrara, sur la vie en commun des détenus et sur la nécessité de lui substituer l'isolement en cellule. Qu'on nous permette d'ajouter nos propres idées à celles de notre docte collègue, sur cette question si grave de la réforme des prisons, qui touche à toute l'économie du système pénal et dont le pouvoir législatif vient d'être saisi de nouveau en France (2).

Constatons d'abord qu'il est généralement admis que la vie commune des détenus engendre une effroyable corruption et expose la société à des dangers que manifeste le nombre des récidives toujours croissant qu'on relève dans nos statistiques criminelles. « Le plus grand mal, disait en 1837, dans un rapport au ministre, le vénérable Demetz, fondateur de la colonie de Mettray, le plus grand mal, celui qui révolte les esprits éclairés et soulève de-

(1) *Programma*, p. 445, note 1 du § 667.

(2) Voir un rapport présenté à l'Assemblée nationale le 7 février 1872 par M. Félix Voisin, à suite d'une proposition de loi de M. le vicomte d'Haussonville, ayant pour objet l'ouverture d'une enquête sur le régime des établissements pénitentiaires.

Cette proposition, ayant été prise en considération, a été l'objet d'un rapport de M. Bérenger (de la Drôme) au nom de la commission d'enquête sur le système pénitentiaire, et de la présentation d'un projet de loi relatif au régime des prisons départementales. Ce rapport, accompagné de ce projet de loi, vient d'être déposé à la séance de l'Assemblée nationale du 17 mars 1874. Il n'a pas encore été publié dans le *Journal officiel*, et il ne nous a pas été possible de le connaître pendant l'impression de ces pages.

puis longtemps les réclamations de tous les amis de l'humanité, celui qui menace le plus dangereusement la sûreté du pays, c'est la démoralisation résultant du mélange, dans la même prison, de tous les condamnés, quelle que soit la différence de leur culpabilité, celle de leur peine et de leur âge. »

Après avoir décrit, sous des couleurs saisissantes, tout ce qu'a de hideux la démoralisation des malheureux qui peuplent nos différents lieux de détention, il en constate les résultats dans les termes suivants : « De là, la source de tant de forfaits audacieux, et surtout de si fréquentes récidives, preuve la plus sûre de l'inefficacité de la peine et des vices de son application ; car, ainsi que l'a dit l'honorable M. Béranger, INNOCENT OU COUPABLE, TOUT HOMME QUI A FRANCHI LE SEUIL DE NOS PRISONS EST PERDU. Il est, en effet, dès ce moment, irrévocablement acquis au crime, et le repris de justice ou le libéré doit, en quelque sorte, inévitablement finir ses jours au bagne, si ce n'est, peut-être, sur l'échafaud ! (1) »

Voilà comment s'exprimait en 1837 un homme, au dévouement et aux lumières duquel on doit l'établissement de cette colonie de Mettray qui reçoit des visiteurs de toutes les parties du monde civilisé, qui est l'objet d'une admiration générale et dont le lord Brougham disait, en plein Parlement d'Angleterre, que « Mettray suffisait à l'orgueil de la France. »

Depuis 1837, la situation a peu changé, notre système répressif n'a pas été profondément réformé quant au

(1) *Rapport à M le comte de Montalivet, pair de France, ministre secrétaire d'Etat au département de l'intérieur, sur les pénitentiers des Etats-Unis, par* M. Demetz, *conseiller à la Cour royale, membre du Conseil général u département de Seine-et-Oise, et par* M. G. Abel Blouet, *architecte du gouvernement, directeur de la section des beaux-arts de l'expédition scientifique de Morée.* In-f°, avec des plans de diverses prisons des Etats-Unis de l'Amérique. Paris, imprimerie royale, 1837.

régime auquel sont soumis les prévenus et les condamnés placés dans nos prisons ; les inconvénients de la vie en commun sont restés les mêmes ; les récidives, loin de diminuer, n'ont fait qu'accroître (1). Aussi, un de nos publicistes, au nom duquel s'attache une grande notoriété et dont les écrits expriment souvent des idées hardies que je suis loin de partager, M. Emile de Girardin, estime, dans un livre qui vient de paraître, que l'emploi des peines privatives de la liberté est plus désavantageux qu'utile à la société. Il leur préfère les peines corporelles, et en proposant la suppression du système pénal employé de nos jours pour lui substituer quelque chose de peu défini et que je n'ai pas su bien saisir, il ne supprimerait la peine de mort que la dernière, car il considère l'emprisonnement comme la plus dommageable des peines en ce qu'elle ne fait que multiplier le nombre des malfaiteurs. Si on opérait des réformes successives, M. de Girardin voudrait qu'on prît l'échelle pénale en remontant pour n'atteindre la peine de mort que la dernière, quoiqu'il se range parmi ceux qui en désirent la suppression (2).

(1) Voici les chiffres que relève M. le garde-des-sceaux dans le *Rapport* présenté au Président de la République sur l'*administration de la justice criminelle pour l'année* 1870 : « Les investigations auxquelles se livre, chaque année, le département de la justice, sur la conduite des condamnés à l'emprisonnement de plus d'un an, pendant la fin de l'année de leur libération et pendant les deux années suivantes, ont amené les constatations suivantes : sur 100 hommes libérés en 1868 des maisons centrales, 41 ont été repris et jugés de nouveau dans le délai indiqué ci-dessus. Parmi les femmes, on en compte 26 p. 100. Ces proportions sont encore plus élevées que celles des vingt dernières années, bien qu'en 1870 on ait été forcé de faire évacuer certaines maisons centrales et de transférer dans des maisons d'arrêt, pour y terminer leur peine, des condamnés qui, ne figurant pas sur les listes des libérés, échappent aux recherches de mon administration. A l'égard des enfants envoyés dans des maisons de correction, la proportion de la récidive a été de 8 p. 100 pour les garçons et de 3 p. 100 pour les filles. » *Rapport*, p. XI.

(2) « Je suis, dit-il, contre toutes les peines corporelles dites afflictives ; donc je suis pour l'abolition de la peine de mort, mais plutôt systématiquement

En dehors du système qu'il propose, l'isolement de jour et de nuit des détenus lui paraît être une nécessité (1).

Quant à nous, nos idées sont depuis longtemps fixées et reposent sur un principe qui ne permet aucune hésitation. Il y a devoir pour la société non seulement de placer ceux qu'elle fait détenir dans des maisons construites d'après des règles hygiéniques, mais encore d'établir à leur égard un état de choses qui ne soit pas corrupteur de leur moralité.

Il y a donc à construire des prisons qui soient, à la fois, saines et sûres. Il y a à fournir aux prisonniers un régime alimentaire, non confortable, mais suffisant pour l'entretien de leur santé.

Avec ce qui concerne ainsi le régime physique viennent les exigences du régime moral. Ici, les devoirs de la société ne doivent pas être moins impérieux. Si son système répressif ne peut pas toujours avoir la puissance d'amender le moral du détenu, il doit au moins ne pas avoir celle de le corrompre. Mettre le condamné dans un milieu qui empoisonnera son moral, c'est peut-être pire que le jeter dans un cachot où la privation de l'air et

que sentimentalement, j'aurai la franchise de l'avouer : s'il s'agissait de supprimer toutes les peines, moins une seule, ce serait celle-là que je maintiendrais, sauf à retrancher le bourreau. Je serais avec Joseph de Maistre et non avec César Beccaria. La peine que j'éliminerais la première, ce serait celle de la privation de la liberté sous ses divers noms : — emprisonnement, réclusion, détention, travaux forcés à temps, déportation, travaux forcés à perpétuité. Je voudrais commencer par le commencement et finir par la fin, au lieu de commencer par la fin et de finir par le commencement. Je ne descendrais pas l'échelle pénale, je la remonterais. » (Emile de Girardin, *Du droit de punir*, p. 62. Paris, 1871, in-8°, 440 pages). — Pour se rendre compte du maintien de la peine de mort sans bourreau, il faut se reporter à une autre partie du même ouvrage où M. de Girardin estime que le condamné devrait être lui-même l'exécuteur du jugement qui lui prescrirait de mourir. On le renfermerait dans un lieu où il serait privé d'aliments et où il aurait, à sa portée, un poison sûr et très-actif. Les douleurs de la faim l'amèneraient bientôt à s'ôter la vie.

(1) *Ubi supra*, p. 129.

de la lumière dénaturera son être physique. La dégradation morale, la perte du sens moral, n'est pas, à nos yeux, moins à considérer que la perte de la santé du corps et même de la vie. Il y a également oubli de tout devoir dans le fait de détenir un individu dans un lieu où il subira nécessairement une asphyxie, soit physique, soit morale. Ici, il ne peut pas y avoir d'objection : le devoir imposé à la société est évident et il faudrait, pour le méconnaître, nier l'existence de toute morale, de toute obligation, et aller jusqu'à contester les exigences de la simple charité chrétienne.

Cela étant ainsi, il n'y a plus qu'à aviser aux moyens propres à réaliser le double but, de ne porter atteinte ni à la santé physique des détenus, ni à leur moralité.

Pour le premier de ces objets, nous avons beaucoup à faire en France. Nos prisons qui ont été construites dans les grands centres, sont généralement dans de bonnes conditions hygiéniques; mais il n'en est pas de même de celles qui ont été établies dans des locaux anciens peu appropriés à la nouvelle destination qu'ils ont reçue. Il y a donc encore beaucoup à faire pour que nous ayons partout des lieux de détention dans lesquels la santé des prisonniers soit à l'abri d'une influence délétère résultant de l'état matériel des lieux dans lesquels ils sont placés.

Mais c'est sous le rapport de la santé morale que nous avons à établir une réforme radicale. Il nous est imposé, à un titre obligatoire, d'établir la séparation des détenus et d'organiser un état de choses qui les isole les uns des autres et qui ne permette aucun rapport entre eux.

On ne peut songer à avoir une prison, dans un édifice séparé, pour chacun des détenus. Il y a nécessité de les réunir dans un même établissement où ils seront soumis à une surveillance commune et où les choses nécessaires pour les besoins de la vie, leur seront fournies. De là, la nécessité de construire des bâtiments dans lesquels la vie commune soit organisée dans des conditions qui permettent l'isolement des condamnés sans qu'aucun rapport puisse exister entre eux.

Le problème qui avait été résolu d'une manière ingénieuse aux Etats-Unis de l'Amérique par la construction des pénitentiers de Philadelphie et d'Auburn, l'a été aussi en France par l'établissement de Mazas et de la prison de la Santé récemment construite et qui peut soutenir la comparaison avec les grandes prisons de tous les autres pays. Cette maison, qui peut recevoir 1,000 détenus, est établie d'après un système mixte, réunissant, dans les mêmes murs, le régime cellulaire et le régime en commun, de manière à procurer l'expérimentation comparée de ces deux modes d'emprisonnement (1).

Eh! bien, l'expérimentation est faite, et d'après des documents récents, ce qui devait résulter de la nature même des choses est aussi constaté par les faits.

Voici ce que rapporte, par rapport à la prison de la Santé, M. E. Robin, secrétaire de la Société de patronage pour les prisonniers libérés protestants, dans un ouvrage récemment publié, à suite du congrès de Londres, par le comité de cette société établie à Paris : « Les règles adoptées pour le classement des condamnés sont les suivantes : — Les détenus âgés de moins de 20 ans, ceux qui ont à subir une peine de moins d'un mois de durée, et les condamnés pour délits de mœurs, sont placés généralement dans le quartier cellulaire. On y admet aussi les détenus qui demandent de subir leur peine en cellule. — Les autres condamnés, au-dessus d'un mois, pour coups, blessures, escroquerie, abus de confiance, rupture de ban, etc., sont classés dans le

(1) Voir pour des détails sur la prison de la santé, M. E. Robin, *La Question pénitentiaire*, p. 40. Paris, sans date indiquée, mais ayant paru en 1873, in-8°, VIII, 204 pages.

quartier en commun. — Toutefois, il est demandé à chaque prisonnier de cette seconde catégorie s'il ne préférerait pas le régime cellulaire. — La classification ainsi faite n'est pas définitive, et le détenu peut, sur sa demande ou sur l'appréciation du directeur, passer d'un régime à l'autre pendant la durée de la détention. — Les demandes pour le passage du quartier en commun au quartier cellulaire, sont toujours accordées. Celles du passage du quartier cellulaire au quartier en commun ne sont accueillies qu'après quelques jours d'examen, et lorsque la demande est persévérante; souvent on consulte les familles avant d'accorder ce changement. L'administration, on le voit, tout en laissant au prisonnier des catégories cellulaires la liberté du choix, marque sa préférence pour le régime de la séparation. — En 1870, 124 condamnés étaient mis en cellule sur leur demande, 38 en 1871 et 277 en 1872, dès leur arrivée dans la prison et pendant le cours de leur peine. Le nombre de ceux qui, après avoir été admis au régime en commun, ont préféré le régime cellulaire, a été en 1870, de 52; de 10 en 1871, et de 146 en 1872; tandis que 44 détenus ont été déplacés de la cellule, sur leur demande, en 1870; 6 en 1871 et 180 en 1872. Au total, 2,105 détenus ont, pendant ces trois années, *demandé eux-mêmes le régime cellulaire.*

. . . .

« Cette expérience montre que le régime de la séparation ne paraît pas si redoutable aux prisonniers eux-mêmes, et qu'il est recherché surtout par les détenus animés de bonnes dispositions; qu'enfin, parmi ceux qui l'ont préféré, il n'en est qu'un petit nombre qui n'aient pu le supporter. L'expérience serait autrement concluante si, pour les condamnations supérieures à trois mois, la durée de la peine était réduite, et si le service des visites quotidiennes était organisé comme il l'est dans les prisons cellulaires de Belgique et de Hollande (1). »

On voit par ces faits qui méritent d'être remarqués, que l'essai partiel du régime de la séparation en cellule, fait en France à la prison de la Santé, a produit des résultats qui ne lui sont pas défavorables.

Replaçons-nous en présence de la *nécessité*, qui s'impose, d'isoler les condamnés, pour rechercher, par l'étude des régimes divers, celui qui, ayant subi l'épreuve de l'expérience, paraîtra être le plus convenable.

Quatre systèmes divers de répression ont été examinés au Congrès de Londres de 1872, en dehors de celui de l'emprisonnement en commun qui a été condamné d'une manière absolue et sans aucune réserve.

1° Le système de PHILADELPHIE ou PENSYLVANIEN qui est le plus absolu de tous et qui consiste dans l'isolement complet du prisonnier détenu jour et nuit dans une cellule où le travail et la lecture lui sont accordés à titre de récompense, et où il n'est visité que par les employés de la maison et par les visiteurs officiels (2) ;

2° Le système d'AUBURN qui consiste dans l'isolement en cellule pendant la nuit et dans le travail en commun dans des ateliers où les détenus sont réunis pendant le jour, en étant soumis à la loi rigoureuse du silence, le plus absolu, dont l'observation est sanctionnée par la peine du fouet (3) ;

3° Le système ANGLAIS de la SERVITUDE PÉNALE. Ce système, très ingénieux, offre une combinaison des deux

(1) M. E. ROBIN, *ubi supra*, p. 41.

(2) Voir pour les détails le Rapport précité de M. DEMETZ, p. 28, et pour l'établissement des prisons adapté au système de Philadelphie, le Rapport de M. BLOUET, p. 98.

(3) Voir sur ce régime M. DEMETZ, p 19, et pour les bâtiments, M. BLOUET, p. 2, avec les plans qu'il donne.

premiers avec l'addition d'éléments nouveaux. Ce qui le caractérise, c'est la sévérité de la discipline qui le fait redouter des malfaiteurs, et les moyens qu'il emploie pour faire que les détenus soient constamment intéressés et amenés à se bien conduire. Dans ce système, la première partie de la peine est subie jour et nuit en cellule, pendant une période de neuf mois, qui n'est jamais abrégée. Cette première partie de l'épreuve est suivie d'une autre moins sévère et pendant laquelle le condamné pourra voir sa situation s'améliorer à mesure qu'il s'en sera rendu digne par son travail et par sa bonne conduite. Il sera d'abord rendu à la vie en commun, pour le travail, et il ne sera plus séparé de ses compagnons de captivité que pendant la nuit qu'il passera dans la cellule, et pour ses repas, qu'il y fera. Pendant ce temps d'épreuve, tout effort qu'il fera pour se bien conduire, tout progrès qui se produira dans son travail, sera journellement constaté par un ingénieux système de MARQUES, sortes de bons points qui sont exactement notés. Un nombre fixé de marques obtenues dans un temps déterminé, donne droit à une promotion à un degré supérieur, amenant des adoucissements successifs à la captivité qu'une *licence* (ticket of leave) vient compléter en procurant au condamné une mise en liberté conditionnelle. C'est là la troisième partie de la peine, que le condamné subit hors de la prison, en étant dirigé par les membres des sociétés de patronage qui lui facilitent l'obtention du travail, et en étant surveillé par la police. S'il se conduit bien, il arrive à sa libération en continuant de jouir de sa liberté. S'il se conduit mal, sa *licence* lui est ôtée et il est remis en prison. Il en est ainsi pour chacun des degrés de pénalité ; des écarts de conduite entraînent, pour le convict, la perte des marques qu'il avait obtenues, le fait descendre d'un degré à l'autre et peuvent même le ramener pour quelque temps au dur régime de la cellule. Ce système a produit de bons résultats en Angleterre, et le nombre des crimes y a diminué depuis qu'il y est pratiqué convenablement (1).

4° SYSTÈME IRLANDAIS ou de CROFTON, appelé aussi *système d'emprisonnement graduel*. Il offre un perfectionnement de celui de la servitude pénale, dont nous venons de parler. Il a réuni de nombreux suffrages à raison des résultats heureux qu'on en a obtenus dans l'Irlande où il a été appliqué avec une haute intelligence. Un magistrat belge, M. CASIER, juge au tribunal d'Anvers, faisait ressortir tous les avantages que l'emploi de ce système pouvait procurer, dans un écrit très-remarquable sur la *Répression pénale et le système pénitentiaire en Angleterre et en Irlande*, qui parut dans les numéros de la *Belgique judiciaire*, des 22 octobre et 28 juin 1863. Vers la même époque, un conseiller de la cour de Paris, auquel la science du droit criminel doit d'utiles travaux dirigés vers un but pratique d'application, M. BONNEVILLE DE MARSANGY recommandait le système Irlandais et en faisait connaître en France le fonctionnement, dans un livre qui fut remarqué et qui peut, dans les circonstances actuelles, être consulté avec fruit pour apprécier ce qu'on doit espérer d'un système de répression sagement combiné et appliqué avec une fermeté éclairée (2).

Voici en quoi consiste le *système Irlandais*, d'après l'exposé qu'en a fait son auteur sir WALTER-CROFTON, au Congrès international de Londres, du mois de juillet 1872 (3).

(1) *Transactions of the international penitentiary Congress*, p. 287. — Voir sur le système pénitentiaire pratiqué en Angleterre, un travail de M. ALEXANDRE RIBOT, publié dans le cahier de la *Revue des Deux-Mondes*, du 1er février 1873. — Voir aussi M. ROBIN, *ubi supra*, p. 15 et p. 34.

(2) *De l'amélioration de la loi criminelle*. Deuxième partie. Paris. 1864, in-8°, XXX, 700 pages.

(3) *Transactions of the international Congress*, p. 248 à 353 et 478.

J'emprunte ce que je vais dire, au livre que j'ai déjà cité de M. Robin (1).

Ce système établit trois stages pour la peine que doit subir le condamné.

Le *premier stage* consiste dans un emprisonnement cellulaire de huit ou neuf mois de durée, selon la conduite du détenu. La captivité a, pendant ce premier stage, un caractère rigoureux et complètement pénal. Le travail exigé est rude, le régime alimentaire est sévère. Ce premier stage est combiné de manière à faire rentrer le prisonnier en lui-même et à laisser, dans son esprit, une impression profonde propre à le déterminer à ne plus se laisser aller, à l'avenir, à ses mauvais penchants.

Le *second stage* est celui où le prisonnier sort de la prison cellulaire pour entrer dans une *prison commune*, où il se trouve avec des convicts qui ont subi la même épreuve que lui. Il est soumis, dans cette prison, à un régime moins rude et sa situation s'améliore plus ou moins rapidement, selon sa conduite et selon son application au travail auquel il est soumis. Il peut chaque jour obtenir un certain nombre de *marques* qui décident de son passage d'une classe dans une autre.

Il y a quatre classes dans ce second stage et chacune d'elles amène un changement dans la situation du détenu, avec un adoucissement de sa peine. Il quitte le costume pénal lorsqu'il arrive à la 4me classe et il occupe un emploi de confiance.

C'est de l'économie de ce second stage que résulte toute l'efficacité du système Irlandais. Le convict y est, sans cesse, sous l'action d'une puissance morale qui le dirige vers son amendement. S'il persévère dans sa bonne conduite, sa situation s'adoucit par le passage d'une

(1) *La Question pénitentiaire*, p. 20.

classe à l'autre. Il est en rapport, dans chaque classe, avec des compagnons d'infortune qui se sont améliorés. S'il se conduit mal, il revient en arrière, il est replacé dans une classe inférieure et il reprend un régime plus rigoureux jusqu'à ce qu'il se soit de nouveau amendé. Ce système ne peut qu'avoir une vertu très grande pour discipliner les natures perverses et pour montrer à ceux qui le subissent, qu'ils doivent se soumettre aux prescriptions des lois sociales.

Le *troisième stage* offre une nouvelle épreuve qui est particulière au système Irlandais. Le convict est placé dans une *prison intermédiaire*, INTERMEDIATE PRISON, dans un lieu qui est dans les conditions d'une sorte de caserne de travailleurs. Il y jouit d'une liberté relative, et il y est soumis à des conditions réglementaires de discipline, d'instruction et de travail. Il est vêtu comme les ouvriers ordinaires, il peut travailler dans les usines et dans les champs, et il n'est tenu qu'à rentrer dans sa cellule à une heure déterminée. S'il persévère dans sa bonne conduite, il obtient une *licence*, TICKET OF LEAVE, et il devient libre conditionnellement. La durée de sa peine peut être ainsi abrégée d'un quart. Si, au contraire, il vient à se mal conduire, il est réintégré dans la prison commune, et il peut même être replacé en cellule pendant six mois en sus de sa peine (1).

On voit, d'après cet exposé, que nos voisins d'au-delà de la Manche n'ont pas cessé de fournir leurs soins et n'ont pas reculé devant les sacrifices pécuniaires, lorsqu'ils ont eu à organiser un système répressif adapté aux idées de notre époque et aux exigences du maintien de la sécurité publique.

(1) Voir pour de plus amples détails sur le système irlandais, l'écrit de sir CARPENTER, publié en Angleterre sous ce titre : *The Crofton prison system, by* MARY CARPENTER, 1872.

Ils nous ont, sur ce point, devancés et nous l'avons été aussi par une autre nation voisine, par la Belgique, qui possède à Gand et à Louvain des établissements pénitentiers modèles et qui, sur 36 prisons, en a déjà 19 qui sont entièrement cellulaires.

La France ne doit plus rester en arrière, lors surtout que le nombre toujours croissant des récidives lui démontre l'impuissance du système répressif qui y est en vigueur. Malheureusement, les dépenses qu'exige la construction des prisons sur les modèles de celles qui existent dans l'Amérique du Nord et dans l'Angleterre, jointes aux complications du fonctionnement du système pénitentiaire, ont, sous l'Empire, arrêté l'exécution des projets soumis à nos Assemblées législatives et si bien étudiés avant 1848. On s'est efforcé de discréditer chez nous l'isolement en cellule des prisonniers, en exagérant ses rigueurs et en lui attribuant des résultats fâcheux qu'il n'a pas. On a détourné les esprits des études qui pouvaient amener à des applications pratiques, en excitant une polémique des plus vives entre les partisans du système de Philadelphie avec séjour en cellule de jour et de nuit, et ceux du système d'Auburn qui ne prescrit la cellule que pour la nuit et qui admet le travail en commun, avec le silence, pendant le jour (1). D'autres systèmes se sont placés en face de cette polémique pour refuser à la société le droit de punir tel qu'elle l'exerce aujourd'hui. L'un de ces systèmes, qui ne veut voir dans les délinquants que des *malades* qu'il faut guérir et non châtier, a été réfuté, chez nous, par M. FRANCK (2), et en Italie, par notre docte collègue M. CARRARA (3) ; un autre système s'est produit dans

(1) Voir, sur cette polémique, un article de la *Revue critique de Législation et de jurisprudence*, au Tome II de la nouvelle série, p. 310 (avril 1873).

(2) *Philosophie du droit pénal*, ch. V, p. 62.

(3) *Opuscoli di diritto penale*, Vol. 1, p. 191 : *Emenda del reo assunta*

les écrits de M. Emile de Girardin, qui recommande la suppression de toutes les peines afflictives, surtout de celle de l'emprisonnement dont il ne veut à aucun prix, sous aucunes formes, et qui n'admet, pour toute pénalité, et encore à titre transitoire, que l'amende, la déchéance de certains droits civiques, civils et de famille et temporairement, jusqu'à une époque qui sera solennellement déterminée, la peine de mort (1).

Pendant que nos gouvernements sont arrêtés en France par la crainte d'avoir à subir des dépenses considérables et pendant qu'on se livre à des discussions qui n'aboutissent à rien, qui portent sur des choses suffisamment étudiées et qui ne servent qu'à compliquer la situation, on fait du chemin chez les nations voisines, on y rédige des Codes criminels et on y abandonne l'ancien système répressif pour lui en substituer un autre qui protége mieux la société et dont les résultats avantageux sont déjà constatés.

Voyons donc quelle est la valeur des principales objections au moyen desquelles on est parvenu à écarter chez nous, jusqu'à ce jour, l'adoption du système pénitentiaire et même à le rendre peu populaire.

On a dit que la sociabilité est de l'essence de la nature humaine ; que les relations de l'homme avec ses sembla-

come unico fondamento e fine della pena. — Voir aussi Tolomei, *Diritto e procedura penale*, t. I, p 60, nos 282, 283, 284, et p. 97, no 447, 3e édition en cours de publication. Padoue, 1874.

(1) *Du droit de punir*, p. 354. Cela est dans un 2e chapitre du 2e livre portant l'intitulé suivant : *La Société sans pénalité corporelle*, p. 319 et suiv. En tête de ce chapitre sont de nombreuses épigraphes parmi lesquelles je remarque les suivantes : les Républiques anciennes n'avaient pas de lois judiciaires pour punir les crimes et réprimer les violences. Aristote. — Les peines sèment la guerre et la haine. Evangile. — L'expérience démontre, avec toute l'évidence possible, cette opinion qui pourra paraître paradoxale au premier abord, que c'est la société qui prépare le crime, et que le coupable n'est que l'instrument qui l'exécute. Quételet.

bles sont pour lui une nécessité qui émane de sa constitution physique et morale ; que cette loi de la nature ne peut être méconnue sans que la solitude produise, chez celui qui est placé, pour un temps plus ou moins long, dans un isolement absolu, une double altération de son état physique et de ses facultés intellectuelles. « La solitude, a-t-on dit, est au-dessus des forces de l'homme, elle consume le criminel sans relâche et sans pitié ; elle ne réforme pas, elle tue (1) » On n'a voulu voir dans la détention des condamnés en cellules, qu'un horrible châtiment, contraire aux lois de la nature, qui ne pouvait que conduire, ceux auxquels il serait infligé, à une folie furieuse, à l'idiotisme et, dans un grand nombre de cas, au suicide.

Il y a, dans ces objections, une question qui porte sur des principes et il y a aussi une affirmation de certains faits contestables.

La question de principe est simple. Toute peine consiste dans la privation afflictive et douloureuse de la jouissance d'un droit. En renfermant un condamné, vous lui ôtez le droit de jouir de la liberté de locomotion et vous édictez dans les lois cette peine pour qu'elle ait un caractère effrayant et pour que la crainte qu'elle inspire oppose un obstacle aux mauvais penchants qui entraînent vers le crime.

Il est, sans doute, dans la nature humaine, que l'homme vive dans la société de ses semblables et jouisse de toute la liberté dont l'exercice est conciliable avec la liberté des autres et avec le maintien de l'ordre social. Mais la loi naturelle est-elle enfreinte, lorsqu'on prive de l'usage d'une partie de sa liberté, celui qui ne se soumet pas aux lois sociales et qui n'use de son libre arbitre que pour

(1) Maurice Block, *Dictionnaire général de la politique*, p. 660 et suiv.

troubler l'ordre et pour attenter aux droits de ses semblables ? Est-ce que la société, avec laquelle il ne veut pas vivre en paix, n'a pas le droit de l'isoler pour se protéger contre ses coupables penchants, si cet isolement est nécessaire ? Le droit est incontestable et les objections ne peuvent être maintenues que par rapport au mode d'isolement.

Sur ce point, la réponse est fournie par ce qui se pratique, de nos jours, dans les établissements où fonctionne le système pénitentiaire. Il ne s'agit plus de cet isolement absolu du prisonnier qui, dans les premiers temps, fut introduit dans la prison cellulaire de Philadelphie. On ne se propose plus aujourd'hui que d'empêcher toute communication des prisonniers entre eux, mais en ayant soin de leur procurer dans leur cellule des relations avec les employés de la maison, avec des instituteurs, avec des ministres des cultes, avec les préposés qui leur apprennent à travailler, avec les membres de ces sociétés de patronage qu'on a si bien organisées dans plusieurs pays et chez lesquels on rencontre un amour de l'humanité qui ne recule devant aucun obstacle. Le régime cellulaire actuel ne consiste que dans un empêchement à toute communication des condamnés entre eux, c'est-à-dire dans la privation d'une chose que l'expérience a déclarée être mauvaise ; en quoi viole-t-on les lois naturelles, quand on supprime ce qui produit un mal ?

Sans doute, la cellule inspire un grand effroi aux hommes d'une nature mauvaise, qui acceptent la vie commune des prisons parce qu'elle les met en rapport avec ceux qui ont des penchants semblables aux leurs et avec lesquels ils peuvent se maintenir dans un esprit d'hostilité envers la société ; ils ont en horreur la cellule, parce qu'elle ne leur laisse que le contact avec des gens honnêtes. Mais n'est-ce pas une qualité désirable, pour un système pénal, qu'il soit redouté de ceux qui doivent le subir, qu'il ait la vertu de les empêcher de faire des prosélytes et qu'il contredise leurs mauvais penchants ?

Venons à l'objection prise de l'action délétère de la solitude sur la santé et sur les facultés morales de celui qui est soumis au régime cellulaire.

Cette objection perd une partie de sa force dès que le condamné n'est pas soumis à un isolement absolu et dès qu'il peut, en se soumettant à une épreuve dont la durée est limitée, obtenir, par sa résignation et par sa bonne conduite, un changement de position. Les heureux résultats qu'on a obtenus en organisant le système pénitentiaire avec intelligence, dans l'Irlande, dans la Belgique et dans plusieurs autres Etats de l'Europe et du Nord de l'Amérique, sont là pour attester que les craintes qu'on a exprimées sont très exagérées et manquent même de fondement.

Il faut d'ailleurs envisager la question telle qu'elle se présente. L'emprisonnement en commun, qui a les préférences des condamnés démoralisés et qui inspire de justes répugnances à ceux qui ont encore dans l'âme quelques bons sentiments, est une chose mauvaise en soi et qui expose la société à des dangers (1). Il y a dès lors nécessité de le supprimer et de le remplacer par un autre régime.

On a proposé une construction de prisons qui permettrait d'y ranger les condamnés dans des catégories propres à n'établir la vie commune qu'entre ceux dont l'état moral pourrait être supposé le même à raison de la peine

(1) « Tandis que la cellule paraîtra plus dure, plus difficile à supporter aux condamnés les plus corrompus, qui regretteront le contact et les communications cyniques de leurs semblables, ceux, au contraire, plus accessibles au repentir, coupables par emportement, par des passions moins basses, dont l'âme n'est pas avilie, l'accepteront souvent, même comme un bienfait, au prix d'une gêne physique plus grande, parce qu'elle les sauvera d'un pareil contact. » Ortolan, *Eléments de Droit pénal*, t. II, p. 60.

qu'ils auraient à subir, à raison de leurs antécédents connus et de la nature du fait pour lequel ils auraient été condamnés.

On espérerait ainsi, en restreignant l'emprisonnement en commun, amoindrir les effets déplorables qu'il produit.

Cela n'offre qu'un palliatif trompeur qui ne peut suffire pour protéger contre la démoralisation qui est toujours le fruit de cette vie commune à laquelle les condamnés tiennent d'autant plus que leur immoralité est plus profonde. En adoptant ce système et en supposant qu'il puisse s'établir convenablement, les plus démoralisés seront ensemble, et on aura formé un foyer de corruption des plus hideux et des plus dangereux. Il y aura dans ce fâcheux quartier, émulation entre les hommes les plus vicieux; la seule pensée d'un pareil état de choses est affreuse. Quant aux autres quartiers, il y aura, quoiqu'on puisse faire, mélange, et il suffira d'un ou de deux condamnés privés de sens moral, pour que leur contact produise la contagion chez les autres. Il n'y a que la formation des *classes*, après un temps d'épreuve en cellule, avec les *marques* de bonne conduite, avec le travail en commun pendant le jour, mais avec le séjour dans la cellule pendant la nuit, avec la prison *intermédiaire*, avec la *liberté conditionnelle* préparant la libération définitive, qui puisse produire une répression morale et salutaire telle qu'une bonne législation répressive doit l'organiser.

Quant aux cas d'aliénation mentale et aux suicides que l'on a attribués au système cellulaire, il y a à dire que ces faits, sans doute attristants, se produisent sous tous les régimes des peines privatives de la liberté. Les individus qui commettent les crimes et les grands coupables sont ordinairement dans un état de surexcitation des facultés affectives et des facultés intellectuelles qui les prédispose à la folie et au suicide qui n'est presque toujours que le résultat d'une perturbation intellectuelle (1). Un homme qui est dans un état normal et qui raisonne sainement, s'abstient d'enfreindre la loi pénale ; il ne va pas s'exposer à perdre la considération dont il jouit et à subir un châtiment. Les cas de folie et de suicide sont toujours beaucoup plus nombreux parmi les prisonniers que parmi les individus qui sont dans les conditions ordinaires de la vie. Il y aurait à établir une comparaison entre les établissements où existe encore la détention en commun et ceux où elle est subie isolément. Les faits qu'on a invoqués de part et d'autres sont contradictoires, mais il paraîtrait cependant que la balance pencherait en faveur des maisons dans lesquelles n'existe pas la promiscuité des détenus (2). Au reste, est-il admissible qu'on puisse, avec justice, détenir le condamné dans une prison où règne une infection morale des plus contagieuses, où il contractera inévitablement la plus triste des maladies morales, celle qui consiste dans une perversion des facultés affectives, où il perdra tout sens moral, où les vices les plus dégradants et qui détruisent aussi la santé du corps, lui deviendront familiers. Eh quoi ! lorsqu'en sortant de ce réceptacle honteux, en étant couvert d'ignominie, moins à raison du délit pour lequel il a été puni que du lieu dans

(1) « La grande masse des condamnés, dit M. le Docteur Ferrus, d'ailleurs sans être composée de fous, dans l'acception scientifique de ce mot, n'en est pas moins formée d'hommes à intelligence incorrecte, d'individus enclins aux désordres d'esprit par la violence de leurs passions et la dépravation de leurs mœurs. » *Des prisonniers, de l'emprisonnement et des prisons*, p. 68. Paris, 1850, in-8°.

(2) Ch. Berriat-Saint-Prix, *Mazas*, p. 31. — Le Docteur Descuret, *La médecine des passions*, p. 188. Paris, 1844, 2e édit. — M. Moreau-Christophe, *De la réforme des prisons en France*, p. 161 et suiv. Paris, 1838, in-8°.

lequel il a subi sa peine, il viendra à rechuter, on le punira avec une sévérité plus grande parce qu'il n'est pas corrigé ! Ne pourra-t-il pas imputer à la société le supplément de perversité pour lequel elle le châtie plus sévèrement et lui demander s'il est juste qu'elle se montre envers lui sévère, pour s'être laissé entraîner par les enseignements qu'il a reçus dans le lieu où elle l'a jeté (1)?

Tout ce que nous venons de dire est reconnu vrai, et l'obstacle réel qui a empêché l'emprisonnement cellulaire de former l'élément principal du système pénal de notre époque, ce sont les dépenses qu'il exige en constructions propres à le faire fonctionner. M. Abel Blouet dressa, en 1837, des plans et devis, rédigés avec beaucoup de soin, qui établissent ce qu'ont coûté quelques-uns des principaux établissements pénitentiaires de l'Amérique du Nord et de l'Angleterre. Il suppute aussi la dépense qu'occasionnerait la construction de semblables prisons en France. Il résulte des détails qu'il donne, qu'une prison à deux étages, construite suivant le système Pensylvanien et destinée à tenir en cellule 480 détenus le jour et la nuit, occuperait une superficie de 12,742 mètres 55 centimètres et occasionnerait, pour sa construction, une dépense de 1,709,400 fr. pour Paris et de 1,025,640 fr. pour la province, ce qui porterait le prix de chaque cellule à 3,561 fr. 25 centimes pour Paris, et à 2,136 fr. 74 cent. pour la province. Les cellules auraient 4 mètres de longueur sur 2 mètres 35 centimètres de largeur et 3 mètres de hauteur ; elles seraient voûtées en brique avec conduits pour la ventilation.

Ces prix seraient plus élevés aujourd'hui, et il est certain que des sacrifices pécuniaires très considérables

(1) Franck, *Philosophie du Droit pénal*, p. 190.

devraient être faits pour établir en France un système pénitentiaire convenablement organisé. Il y a à dire que c'est là une dépense *obligatoire* qui s'impose et qui est la conséquence inévitable des nécessités d'un bon système pénal. Cette dépense sera, au reste, compensée par une diminution des délits et du nombre des prisonniers. Les rigueurs du système pénitentiaire permettent d'abréger la durée des détentions (1) et ont produit, où il a été introduit, une diminution des récidives. Le personnel des détenus étant moins nombreux, occasionnerait une dépense moins forte. Enfin, toutes les différentes peines privatives de la liberté avec assujettissement au travail, telles que les travaux forcés, la réclusion, l'emprisonnement, étant converties en une seule qui n'aurait de différence que quant à sa durée, le régime des lieux de détention s'améliorerait en étant uniformisé.

Pour compléter ces notions sur le régime cellulaire, nous devons le rapprocher de celui de la transportation dans des colonies pénales.

La déportation dans des colonies lointaines, organisée, chez nous, par les lois des 8 juin 1850, 23 mars 1872 et

(1) Une loi du 4 mars 1870 a réglé, pour la Belgique, le passage du régime de l'emprisonnement en commun au régime cellulaire. La durée des peines y a subi une réduction dans des proportions qui ont été ainsi établies : 3/12 pour la 1re année ; — 4/12 pour les 2e, 3e, 4e et 5e années ; — 5/12 pour les 6e, 7e, 8e et 9e années ; — 6/12 pour les 10e, 11e et 12e années et ainsi progressivement jusqu'à 9/12 pour les 17e, 18e, 19e et 20e années.

Il résulte, de cette loi, que le condamné à un an d'emprisonnement ne subit sa peine que pendant neuf mois s'il la fait en cellule. Le condamné à deux ans gagne trois mois la première année, quatre mois la seconde, en tout sept mois, ce qui réduit sa peine à dix-sept mois, et ainsi de suite.

Les condamnés à perpétuité, ne pouvant bénéficier de cette réduction, subissent dix ans de peine cellulaire et sont, après ce temps, soumis à un autre régime.

Quoique récent, l'établissement du régime cellulaire a produit déjà en Belgique de bons résultats qui donnent des espérances pour l'avenir. Le nombre des récidives a sensiblement diminué. — Voir E. Robin, *ubi supra*, p. 51 et 52.

25 mars 1873, est une peine qui est adaptée à la nature de la répression à employer en matière politique et qui a convenablement remplacé la peine de mort, pour les attentats contre la sûreté de l'État. Il s'agit d'ôter du sein de la société, celui dont la présence serait une cause permanente de danger ; on le mettait à mort par le passé ; on le transporte aujourd'hui sur une terre lointaine où il est retenu et où il est dans l'impossibilité de se livrer à des attaques contre la sûreté et les institutions de son pays (1).

Le système des colonies pénales qui peut offrir une double utilité, en tenant éloigné du sol continental de la patrie, des individus qui y sont une cause de désordre, et en fournissant des bras pour les établissements coloniaux, a été introduit en France, pour l'exécution de la peine des travaux forcés, par la loi du 30 mai 1854. La colonisation pénale qui a donné naissance à un monde nouveau qu'offre maintenant la riche colonie que l'Angleterre possède dans l'Australie, a eu, chez nous, un remarquable historien dans la personne de M. le marquis de Blosseville (2). Il y a là un profond sujet d'études. Je ne vois qu'une objection contre la transportation immédiate de nos condamnés aux travaux forcés, dans nos colonies de la Guyanne ou de la Nouvelle-Calédonie, en vertu de notre loi du 30 mai 1854, c'est que cette peine, ainsi

(1) Nous avons remarqué, dans la *Revue des Deux-Mondes* du 1er avril 1873, un article de M. Paul Merruau qui porte ce titre : *Les déportés politiques en Afrique, à la Guyanne française et à la nouvelle Calédonie*. On y trouve des détails sur des faits contemporains et sur le peu de ressources que semble, jusqu'à présent, offrir la présence des condamnés politiques pour la colonisation des pays dans lesquels ils ont été transportés et où ils ne peuvent être, d'après la loi, soumis à aucun travail.

(2) *Histoire de la colonisation pénale et des établissements de l'Angleterre en Australie, par le* marquis de Blosseville, membre du corps législatif et du conseil général de l'Eure, Évreux, 1859, in 8° VIII, 569 p.

subie, est trop bien acceptée par les hommes dangereux et n'a pas pour eux une grande puissance d'intimidation. Peut-être à tort, mais le fait n'en est pas moins constant, la transportation dans une colonie, loin d'effrayer les malfaiteurs, offre à leur esprit aventureux, la perspective d'un séjour dans un pays nouveau, du travail en plein air, d'une vie toute nouvelle ; aussi demandent-ils comme une faveur qu'on les envoie à Cayenne ou dans la Nouvelle-Calédonie. Ils redoutent beaucoup plus la peine de la réclusion, qu'ils subissent en France dans une maison centrale, et même celle d'un emprisonnement correctionnel d'une longue durée, que les travaux forcés. Des accusés recommandent quelquefois à leurs défenseurs de ne pas plaider les circonstances atténuantes, afin qu'on ne soit pas amené à leur remplacer les travaux forcés par la réclusion en vertu de l'art. 463 de notre Code pénal (1). Eh bien, il est pour moi évident, qu'une peine qui est ainsi acceptée par les malfaiteurs, ne réalise pas le but qu'on doit avoir en vue en organisant un système pénal. L'ordre de gravité des peines établi par nos lois est ainsi renversé, et celui qui est plus coupable, est moins puni que celui qui l'est à un degré moindre. Ce n'est pas que la transportation n'ait pas, dans mon opinion, des avantages ; mais pour qu'elle n'ait pas le défaut d'intimidation que nous venons de signaler, on pourrait ne l'employer qu'à l'égard du condamné qui aurait subi, en cellule, une partie de sa peine. Dans notre pensée, le système cellulaire et celui de la colonisation pénale pourraient être heureusement combinés de manière à produire une force suffisante d'intimi-

(1) C'est ce que faisait aussi remarquer M. le Conseiller BONNEVILLE DE MARSANGY, en 1864, à l'occasion des récidives amenant la peine des travaux forcés qui devenaient de plus en plus fréquentes. Les condamnés mis en accusation à raison d'une rechute punie, dans les conditions ordinaires, de la réclusion, acceptaient les rigueurs de la loi, en s'écriant : *Tant mieux*. J'IRAI A CAYENNE. *De l'amélioration de la Loi criminelle*, 2e part., p. 37.

dation et à faire arriver, avec utilité dans les colonies, des travailleurs déjà éprouvés qui y seraient à la disposition du Gouvernement.

Cette dissertation paraîtra, sans doute, longue, mais elle touche à un sujet qui a une importance actuelle pour tous les états civilisés. La question pénitentiaire a été, en France, sans doute, l'objet de remarquables études qui l'ont complètement élucidée, mais l'application du système qu'elle recommande ne s'y est encore produite que dans des conditions très restreintes. Tout est aussi à faire dans les autres états du Midi de l'Europe et de l'Amérique méridionale. L'Italie veut entrer dans la voie du progrès et a mis à l'étude de nouvelles lois pénales ; le Portugal a produit un projet de Code pénal qui est une œuvre des plus savantes et qui admet l'application du système pénitentiaire ; l'Espagne n'offre que d'affreuses prisons, et l'Amérique du sud n'est guère plus avancée. Il y a donc encore immensément à créer. Les États du nord ont pris les devants et ont ouvert la voie ; ceux du midi ne doivent pas rester plus longtemps en arrière. C'est de l'organisation d'un système répressif combiné avec intelligence, qui soumette à une discipline sévère les hommes pervers, qui leur fasse sentir l'action vigilante de la justice dans toute la force qu'elle peut avoir pour épouvanter le crime, que dépend la sécurité des honnêtes gens, le maintien de l'ordre et le respect des lois. Le système pénal adopté en Europe et en Amérique depuis près d'un siècle, a pu être expérimenté ; il s'agit de lui donner aujourd'hui la forme préventive et répressive qu'il est susceptible d'acquérir pour procurer à la société toutes les garanties qu'elle est en droit d'en attendre. (1).

(1) Au moment où l'impression de ce travail se terminait, nous avons été à même de parcourir la seconde édition d'un livre remarquable d'un des pro-

Revenons aux travaux de notre honorable collègue, M. Carrara. En ne nous étendant pas davantage sur le premier volume de son *Programme* qui embrasse les dispositions générales du droit pénal, nous avons encore à rendre compte de sept autres volumes qui contiennent la partie spéciale consacrée aux diverses incriminations, et, en outre, d'un assez grand nombre de travaux, très divers, qui tous ont de l'importance. Je ne puis pas avoir la pensée d'en présenter un compte-rendu aussi étendu et aussi chargé de détails que celui que je viens de donner. Il convient cependant de consacrer, à ces derniers travaux, quelques pages, dans lesquelles ils soient signalés comme méritent de l'être toutes les œuvres d'un professeur qui occupe, dans son pays, une place élevée parmi les publicistes qui consacrent leur vie à l'étude du droit criminel. Je réserverai donc ces ouvrages pour en faire l'objet d'un nouvel examen. Je terminerai le présent travail, dont une première partie a été consacrée à des aperçus historiques sur l'enseignement du droit criminel à Pise, en donnant, d'après des documents que M. Carrara a bien voulu me fournir, une liste des professeurs qui y ont successivement fait cet enseignement depuis le décret de Cosme 1er de

fesseurs de l'université de Turin chargé de l'enseignement du droit criminel. M. Tancrède Canonico. Cet ouvrage, dont la lecture nous a beaucoup intéressé, contient des pages nombreuses qui sont consacrées à de savantes études sur le *système pénitentiaire*. Nous y avons trouvé un exposé lumineux des principes sur lesquels repose ce système, des détails sur ses origines historiques et sur son fonctionnement dans les divers Etats où il a été organisé. Nous y avons aussi remarqué des observations judicieuses sur les *colonies pénales* et un exposé complet du système pénitentiaire Irlandais auquel l'auteur parait accorder ses préférences. Nous regrettons de n'avoir pas plus tôt connu ce beau travail de notre collègue de Turin, que tous ceux qui cultivent l'étude du Droit criminel consulteront avec fruit. Nous croyons devoir en indiquer le titre : *Del reato e della pena. Memorie delle lezioni di* Tancredi Canonico, *professore ordinario di diritto e procedura penale nella Reggia università di Torino.* 1 vol. in-8°, 515 pag., Turin, 1872, librairie Brero, rue du Po, 11.

Médicis qui créa la chaire qui lui fut spécialement consacrée.

LISTE DES PROFESSEURS

QUI ONT SPÉCIALEMENT FAIT L'ENSEIGNEMENT DU DROIT CRIMINEL A PISE A PARTIR DU XVIe SIÈCLE.

Imbert ou Robert VANNI, fils de Vanni d'Opiano. Il occupa la chaire de droit criminel, fondée par Cosme Ier de Médicis, grand duc de Toscane, jusqu'en l'année 1581.

Livio STATACINO, qui occupa cette même chaire pendant six années.

Elle resta ensuite vacante jusqu'à l'année 1604.

A cette époque, le professorat du droit criminel fut confié à Lucas TOMMASINI, qui eut pour successeur, en 1607, Gérôme TANTUCCI de Sienne, et cinq années après, Georges de MATHOS-PINELLI, Portugais ; puis Jacques VANNELLI, de 1617 à 1624.

Tous ces professeurs avaient de modiques traitements. Ils interprétaient les lois Romaines et leurs cours duraient quatre années. D'autres parties du droit criminel faisaient habituellement, de leur part, l'objet d'un enseignement privé.

En 1632, Philippe FACHINEO de Forli, qui professait le droit civil, fit aussi des leçons de droit criminel.

La chaire demeura ensuite vacante jusqu'en 1640, époque à laquelle elle fut occupée par Joseph LUPI, de Pise, qui était chancellier de l'Université. Il quitta, en 1642, cet enseignement pour être remplacé par Augustin ZUCCHETTI, également de Pise, qui le fit pendant vingt années.

Trois années après la mort de ce dernier, le professeur de droit criminel fut BARTHELEMI DE VECCHIANO, chevalier de Saint-Etienne, qui continua de l'enseigner pendant toute sa vie, jusqu'à l'année 1674.

Il fut pourvu à la vacance de la chaire quatre années

après par la nomination de Dominique ANDREONI de Lucques.

Elle advint, en 1681, à Alexandre BRUGIOTTI, de Florence, avec un traitement de 150 écus. Il est certain que ce Brugiotti avait antérieurement professé le droit criminel à l'Université de Rome. C'est ce qu'on voit par un ouvrage qu'il avait publié sous ce titre : *Institutiones criminales, Romæ, Typis Michaelis Herculis*, 1667. Il est question, dans le Ier livre de ces *Institutes*, de la compétence ; dans les IIe et IIIe, des délits envisagés spécialement ; dans le IVe, de la procédure criminelle.

Après Brugiotti, vinrent, pour lui succéder à Pise, en 1684, François COLOMBINI, de Sienne, en 1702, MARZIO VENTURINI, de Pontremoli, qui professa jusqu'à l'année 1733. Il dut, à cette époque, quitter Pise, sans cependant perdre ses émoluments. Des écarts de conduite, occasionnés par une femme désordonnée qu'il avait épousée, en furent la cause.

Augustin PADRONI, de Livourne, occupa, après lui, cette chaire. C'était un homme à belles manières, dont la parole était élégante et qui était doué d'un esprit philosophique ; mais il s'était adonné aux plaisirs, et cela fut cause qu'il fut éloigné de l'Université en 1738. Il est l'auteur d'un opuscule qui a pour titre : *Instruction familière sur la méthode d'étudier la jurisprudence; extraite d'une œuvre en préparation sur ce même sujet* (1). Albert Soria parle de lui dans ses *Caractères de divers hommes illustres*, au tome III, p. 98 (2).

Marzio Venturini reprit alors possession de cette chaire, qu'il occupa jusqu à l'année 1743,

(1) *Istruzione familiare intorno al metodo di studiare la Giurisprudenza carata da un opera che si medita su quello argomento.*

(2) ALBERTO SARIA. *Caratteri di varii uomini illustri*. tomo II. p. 98. Ne parla fabroni. volume III, p. 353. Indication donnée par M Carrara

Elle passa ensuite à César Albéric BORGHI. On sait qu'il l'occupait encore en 1760 ; mais il paraît qu'il la posséda plus longtemps, car M. Carrara a un manuscrit de son cours, qui porte la date de 1768 (1).

En 1776, Philippe-Maria DELLA PURA de Castelfiorentino, devint, de professeur extraordinaire, professeur ordinaire de droit criminel.

On voit, qu'après lui, Pietro RANUCCI fit, dans le courant d'une année, un cours sur la loi *Julia majestatis.*

En 1793, Tito MANZI, bel esprit, dont on faisait l'éloge, fut promu professeur extraordinaire de droit criminel. Il fit un cours théorique et ce fut lui qui, le premier, enseigna dans une chaire publique, le droit pénal philosophique, que ses prédécesseurs n'avaient touché qu'en dehors de leurs cours, et avec peu d'étendue, dans les leçons privées qu'ils donnaient dans leur maison.

En 1801, MANZI est mentionné comme professeur ordinaire. La distinction entre les professeurs ordinaires et extraordinaires n'existait cependant plus alors. Le gouvernement français lui laissa, sur sa demande, la jouissance de ce titre.

Il eut pour successeur le docteur Joseph CASTINELLI, dont il est peu parlé.

On voit, dans les Etats de service, qu'après que Manzi fut parvenu à l'Eméritat, Richard VANNUCCHI, de Pise, fut chargé de l'enseignement du droit criminel.

On voit aussi figurer, dans ces Etats, en 1802, à côté du uom de Vannucchi, celui de Guido-Angelo POGGI, avec le titre de professeur honoraire (2).

(1) Un Programme des cours qui se faisaient à l'Université de Pise, en l'année académique 1760-1761, s'exprime ainsi : *Ordinarius professor criminalium* Exc. D. CÆSAR ALBERICUS BORGHI *Pisanus, ad L. Juliam majestatis. Hora* 3. *antemerid Domi vero dictabit et explicabit institutiones juris criminalis.* (V. CARRARA, *Opuscoli*, t. Ier, p. 13.)

(2) POGGI a laissé un ouvrage principalement rédigé au point de vue de la

C'est en 1803, qu'on voit Carmignani figurer, pour la première fois, comme professeur extraordinaire avec Vannucchi. Il y avait alors à Pise un double enseignement du droit criminel : l'un était fait le matin, l'autre le soir.

Carmignani faisait, en 1805, à l'Université, un cours d'histoire générale du droit criminel, et, dans sa maison, un enseignement élémentaire du droit positif. Il était seul professeur de procédure et de législation criminelle en 1812.

En 1841, peut-être même en 1840, François-Antoine Mori, de Sienne, commença à faire des leçons de droit criminel. Carmignani passa alors à la chaire de la Philosophie du droit et se retira peu de temps après (1).

législation criminelle du grand-duc Léopold, et qui a pour titre : *Elementa jurisprudentiæ criminalis*. Florentiæ, 1815, 5 vol. in-8°. *Ibid.*, 1838, 2 vol. in-8.

(1) Carmignani était né en 1768, dans la commune de Cascina, aux environs de Pise, de parents qui étaient dans une position des plus modestes, ainsi que l'expriment des vers que M. Carrara a consacrés à la mémoire de son ancien maître :

A te che per virtù non per fortuna,
Sorto da bassa cuna,
Ti sollevasti a un volo
Sublime sì che dopo morte ancora
Tue belle gesta Europa tutta onora.

. . . .

Carmignani est mort le 29 avril 1847, à Pise, où ses restes mortels reposent dans le Campo-Santo. Le conseil communal de Cascina a fait placer un marbre, portant une inscription commémorative, à la façade de la maison dans laquelle il était né, et l'inauguration de ce modeste monument a eu lieu en présence des autorités et des notabilités de la province, le 8 juin 1873. M. Félix Tribolati, avocat, prononça l'éloge de l'illustre criminaliste, et rappela ses travaux dans un discours qui a été imprimé à Pise, sous ce titre : *Discorso del cavv. avv. Felice Tribolati per la solenne inaugurazione della lapide commemorativa apposta alla casa dove nacque* Giovanni Carmignani *il dì VIII Giugno MDCCCLXXIII, colla deliberazione del municipio di Cascina*. Pisa, Tipografia Nistri, 1873, in-8°, 18 p.

Une souscription nationale est, en ce moment, ouverte à Florence pour l'érection, sur l'une des places de Pise, d'un monument à la mémoire de Carmignani, l'une des illustrations du barreau, de la science du Droit et des belles-lettres de l'Italie. Le Comité, chargé de recevoir cette souscription, a, pour président, à Florence, M. le député Mancini, et pour le Comité de Pise, M. Carrara.

Mori ayant été appelé, en 1847, au sein de la commission chargée de la rédaction du Code pénal de la Toscane, fut remplacé, dans sa chaire, par Giorgini et eut pour successeur, en 1849, Alexandre Doveri (1).

L'Université de Pise ayant été réunie, en 1852, à celle de Sienne, l'enseignement du droit criminel disparut de Pise. Mais la chute de la maison de Lorraine étant survenue dans la Toscane, lors des événements du 27 avril 1859, la réouverture de l'Université de Pise fut décrétée, et c'est alors qu'en novembre de la même année, notre docte collègue, François Carrara, de Lucques, fut pourvu de la chaire de droit criminel qu'il occupe avec tant de distinction. Il enseignait déjà, depuis douze années, ce même droit dans le Lycée de Lucques. Il en commença ses leçons à Pise, le 10 décembre 1859, à l'âge de 54 ans, et c'est alors que parut la publication de son programme qu'il avait composé pour les leçons faites dans la chaire de Lucques.

Cette simple notice, dont les éléments nous ont été transmis par notre bienveillant collègue, suffira pour montrer que l'enseignement du droit criminel, trop délaissé en France, a, dans tous les temps, été apprécié, comme il convenait qu'il le fût, dans les Universités italiennes.

La chaire qui lui fut consacrée, de bonne heure, dans celle de Pise, a eu l'avantage d'être, de nos jours, occupée par des hommes distingués, tels que Carmignani, Mori, Carrara, qui s'y sont fait remarquer par des talents divers, qui ont porté cet enseignement à une grande hauteur, et qui ont fourni à leur pays un utile concours

(1) Sur Mori, et aur la législation qui régit, en ce moment, la Toscane, voir Carrara, *Ginseppe Puccioni, ed il giure penale*, (*Opnscoli*, t. Ier, p. 50 ; Tolomei, *Diritto e procedura penale*, t. I, p. 126, no 577 et p. 134, no 597.

pour la formation de la législation criminelle destinée à le régir. C'est, en effet, dans les chaires, que les sciences s'élaborrent par un travail quotidien et progressif, là où les professeurs sont honorés et peuvent exposer, avec liberté, leurs idées. C'est par eux que les doctrines pénètrent dans les esprits et établissent les fondements du droit qui s'exprime dans les lois positives. C'est encore par eux que se produit cet art de formuler des textes dont la rédaction claire, précise et prévoyante, trace avec netteté les règles qui doivent être appliquées. Enfin, à eux aussi appartient cette herméneutique du droit qui manifeste la pensée que les textes expriment et qui maintient, dans la pratique judiciaire, la souveraineté de la volonté du législateur.

TOULOUSE. — TYPOGRAPHIE BONNAL ET GIBRAC, RUE SAINT-ROME, 44.

www.ingramcontent.com/pod-product-compliance
Ingram Content Group UK Ltd.
Pitfield, Milton Keynes, MK11 3LW, UK
UKHW021059270726
13994UKWH00009B/862